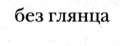

без глянца

Лермонтов

БЕЗ ГЛЯНЦА

ПРОЕКТ ПАВЛА ФОКИНА

санкт-петербург

издательство
амфора

2008

УДК 882
ББК 84(2Рос-Рус)6
  Л 49

Составление и вступительная статья
Павла Фокина

Л 49   **Лермонтов** без глянца ; [сост., вступ. ст. П. Фоки-
на]. — СПб. : Амфора. ТИД Амфора, 2008. — 239 с. —
(Серия «Без глянца»).

  ISBN 978-5-367-00690-2

В этой книге собраны отрывки из воспоминаний современников М. Ю. Лермонтова, его друзей и родных. За мно-
гочисленными голосами, каждый из которых претендует
на беспристрастность, читатель сможет различить могучий
и противоречивый образ великого поэта.

УДК 882
ББК 84(2Рос-Рус)6

ISBN 978-5-367-00690-2

*Светлой памяти
Валентины Семеновны
Гончаренко*

«Я другой»

> *Материя* Лермонтова была высшая, не наша, не земная. *Зачатие* его было какое-то другое, «не земное», и, пиша Тамару и Демона, он точно написал нам «грех своей матери». Вот в чем дело и суть.
>
> *В. В. Розанов*

Футуристы-забияки в молодые свои дни шумно воевали с наследием прошлого, с хулиганским задором разгуливая по палубам «корабля современности», круча, бурлюкая и мяяча, выбрасывали за борт Пушкина, Достоевского, Толстого, давали пинка Бальмонту и Брюсову, в загривок выпихивали Леонида Андреева и Горького. Многим досталось. А вот Лермонтова трогать поостереглись. И правильно. Он хоть и ростом не вышел, и фигурой неказист был, но крепость в руках имел могучую — шомпола в узел вязал на спор. За словом тоже в карман не лез, мог так приложить, что никакими «самовитыми» речами будетляне не отбились бы.

К. А. Бороздин, современник Лермонтова, рассказывал: «Двадцать лет спустя после кончины Лермонтова мне привелось на Кавказе сблизиться с Н. П. Колюбакиным, когда-то разжалованным за пощечину своему полковому командиру в солдаты и находившемуся в 1837 году в отряде Вельяминова, в то время как туда же прислан был Лермонтов, переведенный из гвардии за стихи на смерть Пушкина. Они вскоре познакомились для того, чтобы скоро разознакомиться благодаря невыносимому характеру и тону обращения со всеми безвременно погибшего впоследствии поэта. Колюбакин рассказывал, что их собралось однажды четверо, отпросившихся у Вельяминова недели на две в Георгиевск, они наняли немецкую фуру и ехали в ней при оказии, то есть среди небольшой колонны, периодически ходившей из отряда в Георгиевск и обратно. В числе четверых находился и Лермонтов. Он сумел со всеми тремя своими попутчиками до того перессориться на дороге и каждого из них так оскорбить, что все трое ему сделали вызов, он должен был наконец вылезть из фургона и шел пешком до тех пор, пока не приискали ему казаки верховой лошади, которую он купил. В Георгиевске выбранные секунданты не нашли возможным допустить подобной дуэли: троих против одного, считая ее за смертоубийство, и не без труда уладили дело примирением, впрочем, очень холодным».

> Да, были люди в наше время,
> Могучее, лихое племя:
> Богатыри — не вы.

И случись футуристам отыскать на «корабле современности» Лермонтова, заваруха была бы та еще! Что говорить, Лермонтов — это вечно звонкая «пощечина общественному вкусу». Прославившие некогда Маяковского дерзкие строки его сатирических плевков вроде «Вам» или «Нате!» — всего лишь робкое покашливание по сравнению с финалом «Смерти поэта»:

> А вы, надменные потомки
> Известной подлостью прославленных отцов,
> Пятою рабскою поправшие обломки
> Игрою счастия обиженных родов!
> Вы, жадною толпой стоящие у трона,
> Свободы, Гения и Славы палачи!
> Таитесь вы под сению закона,
> Пред вами суд и правда — всё молчи!..
> Но есть и Божий суд, наперсники разврата!
> Есть грозный суд: он ждет;
> Он не доступен звону злата,
> И мысли и дела он знает наперед.
> Тогда напрасно вы прибегнете к злословью:
> Оно вам не поможет вновь,
> И вы не смоете всей вашей черной кровью
> Поэта праведную кровь!

Какое невероятное напряжение звука и синтаксиса — точно жгутом свитые строки! Прошло уже сто семьдесят лет, а гнев и ярость, в них заключенные, клокочут с неутихающей силой. До озноба в сердце. И не безобидному буржуа «с котлетою вместо усов» сказано, а «властителям и судьям», которые и в каземат упрячут, и следствие учинят, и расправятся без жалости. Сильный, Лермонтов признавал только сильных противников.

> О, как мне хочется смутить веселость их
> И дерзко бросить им в глаза железный стих,
>   Облитый горечью и злостью!..

Современники боялись Лермонтова. Недолюбливали. Чурались. Он был им чужой — его одинокий парус навсегда «белеет в тумане моря голубом», борясь со стихиями и судьбою, а не с собратьями по перу.

— Скажите, Михаил Юрьевич, — спросил поэта князь В. Ф. Одоевский, — с кого вы списали вашего Демона?

— С самого себя, князь, — отвечал шутливо поэт, — неужели вы не узнали?

— Но вы не похожи на такого страшного протестанта и мрачного соблазнителя, — возразил князь недоверчиво.

— Поверьте, князь, — рассмеялся поэт, — я еще хуже моего Демона.

В каждой шутке есть доля истины. Что имел в виду Лермонтов, когда говорил, что он *хуже* Демона? Злее? Грубее? Развратнее? Если видеть в ответе Лермонтова некое признание собственной душевной порочности, то, конечно же, это будет глубокой ошибкой. Думается, смысл лермонтовских слов в ином. Демон — воплощение отверженного зла и гордыни, фигура романтическая, имеющая многовековую культурную биографию, образ *могучий и — цельный*. Поэту же такой цельности дано не было. Он был дитя нового века, «дитя неверия и сомнения», как скажет о себе его младший современник Достоевский.

Древняя легенда очаровывала ум, пленяла сознание и — *тревожила своей гармонией*, в ней зло было злом, а добро — добром. В сердце поэта такой ясности не было. Его равно манили разрушительный блеск зла и творящее сияние святости, носящийся меж темных облаков демон и поющий тихую песню ангел, летящий по небу полуночи, циничное буйство гусарства и трепетная нежность невинности, Бородино и остров Святой Елены, защитники Москвы и Наполеон, гордые чечены и лихие казаки, светская жизнь и деревенская идиллия, порок и добродетель. Пот, грохот и дым сражений и нежные ласки пери. Любовь и кровь. И всего хотелось — и ничто не было желанно.

> Душа сама собою стеснена,
> Жизнь ненавистна, но и смерть страшна.

Вечное томление духа и неразборчивая трата сил.

> Я к состоянью этому привык,
> Но ясно выразить его б не мог
> Ни ангельский, ни демонский язык:
> Они таких не ведают тревог,
> В одном всё чисто, а в другом всё зло.
> Лишь в человеке встретиться могло
> Священное с порочным. Все его
> Мученья происходят оттого.

Демону жить проще...

Еще при жизни Лермонтова сложилось мнение о нем как о преемнике Пушкина. И хотя в последующие годы критика (в первую очередь В. Соловьев, В. Розанов, Д. Мережковский) нарочито пыталась подчеркнуть самобытность Лермонтова, указывая на оригинальность и самостоятельность его музы, в сознании большинства (спасибо школе!) он по-прежнему остается «младшим братом» Пушкина.

Лермонтов, безусловно, многому учился у Пушкина. Его любовная лирика — целиком в пушкинской тональности. Сходны и принципы организации лирического сюжета. Владение поэтической речью столь совершенно, что вызывает сравнение лишь с одним образцом. Онегин и Печорин состоят в несомненном литературном родстве. Не последнюю роль в формировании идеи преемственности сыграло, конечно, и стихотворение «Смерть поэта», появившееся в самый час кончины великого песнопевца и тем самым как бы означившее прямое наследование его лиры по правилу «Король умер — да здравствует Король!»

По стихотворной дороге, проложенной Пушкиным, Лермонтов шел легко и уверенно. Можно даже сказать, слишком легко. Покоряя и завораживая всех этой легкостью. Но самому ему было на ней неуютно. Он шел по ней один, и никто не оспаривал его первенства, но это была *пушкинская* дорога. А он искал *свою*. Пушкина он боготворил, но быть «вторым Пушкиным» — не хотел. Не мог. Как не хотел и не мог быть «вторым Байроном», которому с детства поклонялся и подражал. «Нет, я не Байрон, я другой» — можно читать и как: «Нет, я не Пушкин, я другой».

Почти непостижимый для истории отечественной культуры факт: Лермонтов никогда не встречался с Пушкиным! А ведь этому ничто не мешало. Лермонтов бывал в петербургском свете. Одно лето они жили рядом в Царском Селе, где и сегодня-то все знают друг друга. У них были общие друзья. Пушкин читал лермонтовские стихи и хвалил их. Вообще, был открыт к новым знакомствам, дружбам, тем более — с молодыми поэтами. Есть трогательное свидетельство некоего Облачкина, как он принес мэтру тетрадку своих стихов и был сердечно им встречен и принят. Мир вообще тесен. А уж профессиональный — тем паче. Как получилось, что Лермонтова нет среди авторов пушкинского «Современника»? Даже живший в далеком Мюнхене Тютчев попал на его страницы! Такое впечатление, что Лермонтов *не хотел* знакомства с Пушкиным. «Я другой».

И вправду, гармония Пушкина была чужда Лермонтову. Он, «мятежный, ищет бури». Он — «гонимый миром странник». Его участь — страдание. «Что без страданий жизнь поэта?» В его душе — неистощимая тоска. «И скучно и грустно, и некому руку подать». Даже отрицатель Белинский, «неистовый Виссарион», был подавлен масштабом лермонтовского скептицизма. «Надо удивляться детским произведениям Лермонтова, — писал он В. П. Боткину 17 марта 1842 года, — его драме, „Боярину Орше“ и т. п. (не говорю уже о „Демоне“): это не „Руслан и Людмила“, тут нет ни легкокрылого похмелья, ни сладкого безделья, ни лени золотой, ни вина и шалостей амура, — нет, это — сатанинская улыбка на жизнь, искривляющая младенческие еще уста, это „с небом гордая вражда“, это — презрение рока и предчувствие его неизбежности. <...> Львиная натура! Страшный и могучий дух!» Лермонтов — пророк русского нигилизма, и если Пушкин — наше Всё, то Лермонтов — всё наше Ничего.

Как и Пушкин, Лермонтов обладал удивительной витальностью. Он был энергичен и неугомонен. Водил множество знакомств. Любил большие собрания, светское общество, офицерские компании. С ним общались сотни людей. Но вот беда — среди них лишь единицы обладали чутким умом и внимательным сердцем, способные угадать в безудержном карнавале поэта его терзаемую смутой душу. Воспоминания, доставшиеся нам, до обидного скудны пониманием того явления, каким был Лермонтов. В их безыскусности, а порой и примитивности есть, конечно, залог некоторой объективности и правды, дающий возможность взглянуть на жизнь поэта беспристрастно, но самого Лермонтова в них почти нет. За всеми свидетельствами современников, даже самыми обстоятельными и бережными к памяти поэта, отчетливо слышен его упрямый и дерзкий голос: «Я другой».

Павел Фокин

ЛИЧНОСТЬ

Облик

Моисей Егорович Меликов (1818 – после 1869), *художник, соученик Лермонтова по Благородному пансиону:*
В детстве наружность его невольно обращала на себя внимание: приземистый, маленький ростом, с большой головой и бледным лицом, он обладал большими карими глазами, сила обаяния которых до сих пор остается для меня загадкой. Глаза эти, с умными, черными ресницами, делавшими их еще глубже, производили чарующее впечатление на того, кто бывал симпатичен Лермонтову. Во время вспышек гнева они бывали ужасны. Я никогда не в состоянии был бы написать портрета Лермонтова при виде неправильностей в очертании его лица, и, по моему мнению, один только К. П. Брюллов совладал бы с такой задачей, так как он писал не портреты, а взгляды (по его выражению, вставить огонь глаз).

Яков Иванович Костенецкий (1811–1885), *соученик Лермонтова по Московскому университету:*
Когда уже я был на третьем курсе, в 1831 году поступил в университет по политическому же факультету

Лермонтов, неуклюжий, сутуловатый, маленький, лет шестнадцати юноша, брюнет, с лицом оливкового цвета и большими черными глазами, как бы исподлобья смотревшими.

Николай Соломонович Мартынов (1815–1875), *товарищ Лермонтова по Школе гвардейских подпрапорщиков, противник Лермонтова на дуэли:*

В 18<32> году поступил юнкером в лейб-гусары, в эскадрон гвардейских юнкеров, М. Ю. Лермонтов. Наружность его была весьма невзрачна; маленький ростом, кривоногий, с большой головой, с непомерно широким туловищем, но вместе с тем весьма ловкий в физических упражнениях и с сильно развитыми мышцами. Лицо его было довольно приятное. Обыкновенное выражение глаз в покое несколько томное; но как скоро он воодушевлялся какими-нибудь проказами или школьничеством, глаза эти начинали бегать с такой быстротой, что одни белки оставались на месте, зрачки же передвигались справа налево с одного на другого, и эта безостановочная работа производилась иногда по несколько минут сряду. Ничего подобного я у других людей не видал. Свои глаза устанут гоняться за его взглядом, который ни на секунду не останавливался ни на одном предмете. Чтобы дать хотя приблизительное понятие об общем впечатлении этого неуловимого взгляда, сравнить его можно только с механикой на картинах волшебного фонаря, где таким образом передвигаются глаза у зверей. Волосы у него были темные, но довольно редкие, с светлой прядью немного повыше лба, виски и лоб весьма открытые, зубы превосходные — белые и ровные, как жемчуг. Как я уже говорил, он был ловок в физических упражнениях, крепко сидел на лошади; но, как в наше время преимущественно обращали внимание на посадку, а он был сложен дурно, не мог быть красив на лошади, поэтому он никогда за хорошего ездока в школе не слыл, и на ординарцы его не посылали.

Александр Матвеевич Меринский (?–1873), *соученик Лермонтова по Школе гвардейских подпрапорщиков:*
Лермонтов был брюнет, с бледно-желтоватым лицом, с черными как уголь глазами, взгляд которых, как он сам выразился о Печорине, был иногда тяжел. Невысокого роста, широкоплечий, он не был красив, но почему-то внимание каждого, и не знавшего, кто он, невольно на нем останавливалось.

Александр Францевич Тиран (1815–1865), *соученик Лермонтова по Школе гвардейских подпрапорщиков, впоследствии – сослуживец:*
Лермонтов имел некрасивую фигуру: маленького роста, ноги колесом, очень плечист, глаза небольшие, калмыцкие, но живые, с огнем, выразительные. Ездил он верхом отлично.

Вера Ивановна Анненкова (урожд. Бухарина; 1813–1902), *адресат новогоднего мадригала Лермонтова «Не чудно ль, что зовут вас Вера?..» (1831):*
В первый раз я увидела будущего великого поэта Лермонтова.
Должна признаться, он мне совсем не понравился. У него был злой и угрюмый вид, его небольшие черные глаза сверкали мрачным огнем, взгляд был таким же недобрым, как и улыбка. Он был мал ростом, коренаст и некрасив, но не так изысканно и очаровательно некрасив, как Пушкин, а некрасив очень грубо и несколько даже неблагородно.

Петр Иванович Магденко (1817 или 1818 – после 1875), *полтавский и екатеринославский помещик, знакомый Лермонтова:*
Он был среднего роста, с некрасивыми, но невольно поражавшими каждого симпатичными чертами,

с широким лицом, широкоплечий, с широкими скулами, вообще с широкою костью всего остова, немного сутуловат, словом — то, что называется «сбитый человек». Такие люди бывают одарены более или менее почтенною физическою силой.

Корнилий Александрович Бороздин, *младший современник Лермонтова:*
Сколько ни видел я потом его портретов, ни один не имел с ним ни малейшего сходства, все они писаны были на память, и никому не удалось передать живьем его физиономии <...>. Но из всех портретов Лермонтова приложенный к изданию с биографическим очерком Пыпина самый неудачный. Поэт представлен тут красавцем с какими-то колечками волос на висках и с большими, вдумчивыми глазами, в действительности же он был, как его метко прозвали товарищи по школе, «Маёшка», то есть безобразен. Огромная голова, широкий, но невысокий лоб, выдающиеся скулы, лицо коротенькое, оканчивающееся узким подбородком, угрястое и желтоватое, нос вздернутый, фыркающий ноздрями, реденькие усики и волосы на голове, коротко остриженные. Но зато глаза!.. я таких глаз никогда после не видал. То были скорее длинные щели, а не глаза, и щели, полные злости и ума. <...> От кофе он отказался, закурил пахитосу и все время возился с своим неуклюжим кавказским барашковым кивером, коническим, увенчанным круглым помпоном. Он соскакивал у него с колен и, видимо, его стеснял. Да и вообще тогдашняя некрасивая кавказская форма еще более его уродовала.

Виктор Петрович Бурнашёв (1812 или 1809–1888), *литератор, мемуарист. По записям 1836 г.:*
Подходя уже к дверям квартиры Синицына, я почти столкнулся с быстро сбегавшим с лестницы

и жестоко гремевшим шпорами и саблею по каменным ступеням молоденьким гвардейским гусарским офицером в треугольной, надетой с поля, шляпе, белый перистый султан которой развевался от сквозного ветра. Офицер этот имел очень веселый, смеющийся вид человека, который сию минуту видел, слышал или сделал что-то пресмешное. Он слегка задел меня или, скорее, мою камлотовую шинель на байке (какие тогда были в общем употреблении) длинным капюшоном своей распахнутой и почти распущенной серой офицерской шинели с красным воротником и, засмеявшись звонко на всю лестницу (своды которой усиливали звуки), сказал, вскинув на меня свои довольно красивые, живые, черные, как смоль, глаза, принадлежавшие, однако, лицу бледному, несколько скуластому, как у татар, с крохотными тоненькими усиками и с коротким носом, чуть-чуть приподнятым, именно таким, какой французы называют nez à la cousin[*]: «Извините мою гусарскую шинель, что она лезет без спроса целоваться с вашим гражданским хитоном», — и продолжал быстро спускаться с лестницы, все по-прежнему гремя ножнами сабли, не пристегнутой на крючок, как делали тогда все светски благовоспитанные кавалеристы, носившие свое шумливое оружие с большою аккуратностью и осторожностью, не позволяя ему ни стучать, ни греметь. Это было не в тоне. Развеселый этот офицерик не произвел на меня никакого особенного впечатления, кроме только того, что взгляд его мне показался каким-то тяжелым, сосредоточенным; да еще, враг всяких фамильярностей, я внутренне нашел странною фамильярность его со мною, которого он в первый раз в жизни видел, как и я его.

---

[*] Вздернутым носом (*франц.*).

Константин Христофорович Мамацев (Мамацашвили; 1815 или 1818–1900), *сослуживец Лермонтова на Кавказе. В записи В. А. Потто:*

Я хорошо помню Лермонтова и как сейчас вижу его перед собою, то в красной канаусовой рубашке, то в офицерском сюртуке без эполет, с откинутым назад воротником и переброшенною через плечо черкесскою шашкой, как обыкновенно рисуют его на портретах. Он был среднего роста, с смуглым или загорелым лицом и большими карими глазами.

Фридрих Боденштедт (1819–1892), *немецкий писатель, поэт, переводчик на немецкий язык произведений Пушкина, Лермонтова, Козлова, Тургенева:*

У вошедшего была гордая, непринужденная осанка, средний рост и необычайная гибкость движений. Вынимая при входе носовой платок, чтобы обтереть мокрые усы, он выронил на паркет бумажник или сигарочницу и при этом нагнулся с такой ловкостью, как будто он был вовсе без костей, хотя, судя по плечам и груди, у него должны были быть довольно широкие кости.

Гладкие, белокурые, слегка вьющиеся по обеим сторонам волосы оставляли совершенно открытым необыкновенно высокий лоб. Большие, полные мысли глаза, казалось, вовсе не участвовали в насмешливой улыбке, игравшей на красиво очерченных губах молодого офицера.

Очевидно, он был одет не в парадную форму. У него на шее был небрежно повязан черный платок; военный сюртук без эполет был не нов и не до верху застегнут, и из-под него виднелось ослепительной свежести тонкое белье. <...>

Серьезная мысль была главною чертою его благородного лица, как и всех значительнейших его произведений, к которым его легкие, шутливые стихотворения относятся, как насмешливое выражение его тонко очерченных губ к его большим, полным думы глазам.

Александр Васильевич Мещерский (1822–1900), *князь, офицер, участник Кавказской и Крымской войн, товарищ Лермонтова:*
Замечательно, как глаза и их выражение могут изобличать гениальные способности в человеке. Я, например, испытал на себе это влияние при следующем случае. Войдя в многолюдную гостиную дома, принимавшего всегда только одно самое высшее общество, я с некоторым удивлением заметил среди гостей какого-то небольшого роста пехотного армейского офицера, в весьма нещегольской армейской форме, с красным воротником без всякого шитья. Мое любопытство не распространилось далее этого минутного впечатления: до такой степени я был уверен, что этот бедненький армейский офицер, попавший, вероятно, случайно в чуждое ему общество, должен обязательно быть человеком весьма мало интересным. Я уже было совсем забыл о существовании этого маленького офицера, когда случилось так, что он подошел к кружку тех дам, с которыми я разговаривал. Тогда я пристально посмотрел на него и так был поражен ясным и умным его взглядом, что с большим любопытством спросил об имени незнакомца. Оказалось, что этот скромный армейский офицер был не кто иной, как поэт Лермонтов.

Николай Павлович Раевский (?–1889), *сослуживец Лермонтова. В пересказе В. П. Желиховской:*
Взгляд у него был необыкновенный, а глаза черные. Верите ли, если начнет кого, хоть на пари, взглядом преследовать, — загоняет, места себе человек не найдет.

Душевный склад

Виссарион Григорьевич Белинский (1811–1848), *литературный критик. Из письма В. П. Боткину 16–21 апреля 1840 г.:*
Глубокий и могучий дух! Как он верно смотрит на искусство, какой глубокий и чисто непосредственный вкус изящного! О, это будет русский поэт с Ивана Великого! Чудная натура! <...> Печорин — это он сам, как есть. Я с ним спорил, и мне отрадно было видеть в его рассудочном, охлажденном и озлобленном взгляде на жизнь и людей семена глубокой веры в достоинство того и другого. Я это сказал ему — он улыбнулся и сказал: «Дай Бог!»

Юрий Федорович Самарин (1819–1876), *публицист, философ.*
Это в высшей степени артистическая натура, неуловимая и не поддающаяся никакому внешнему влиянию благодаря своей неутомимой наблюдательности и большой глубине индифферентизма, прежде чем вы подошли к нему, он вас уже понял: ничто не ускользает от него; взор его тяжел, и его трудно переносить. Первые мгновенья присутствие этого человека было мне неприятно; я чувствовал, что он

наделен большой проницательной силой и читает в моем уме, и в то же время я понимал, что эта сила происходит лишь от простого любопытства, лишенного всякого участия, и потому чувствовать себя поддавшимся ему было унизительно. Этот человек слушает и наблюдает не за тем, что вы ему говорите, а за вами, и после того, как он к вам присмотрелся и вас понял, вы не перестаете оставаться для него чем-то чисто внешним, не имеющим права что-либо изменить в его существовании.

Александр Илларионович Васильчиков (1818–1881), *князь, секундант на последней дуэли Лермонтова:*

В Лермонтове (мы говорим о нем как о частном лице) было два человека: один добродушный для небольшого кружка ближайших своих друзей и для тех немногих лиц, к которым он имел особенное уважение, другой — заносчивый и задорный для всех прочих его знакомых. <...> Лермонтов не принадлежал к числу разочарованных, озлобленных поэтов, бичующих слабости и пороки людские из зависти, что не могут насладиться запрещенным плодом; он был вполне человек своего века, герой своего времени: века и времени, самых пустых в истории русской гражданственности. Но, живя этой жизнию, к коей все мы, юноши 30-х годов, были обречены, вращаясь в среде великосветского общества, придавленного и кассированного после катастрофы 14-го декабря, он глубоко и горько сознавал его ничтожество и выражал это чувство не только в стихах «Печально я гляжу на наше поколенье», но и в ежедневных, светских и товарищеских своих сношениях. От этого он был, вообще, нелюбим в кругу своих знакомых в гвардии и в петербургских салонах; при дворе его считали вредным, неблагонамеренным и притом, по фрунту, дурным офицером, и когда его убили, то одна высокопоставленная

23

особа изволила выразиться, *«что туда ему и дорога»*. Все петербургское великосветское общество, махнув рукой, повторило это надгробное слово над храбрым офицером и великим поэтом.

Итак, отдавая полную справедливость внутренним побуждениям, которые внушали Лермонтову глубокое отвращение от современного общества, нельзя, однако, не сознаться, что это настроение его ума и чувств было невыносимо для людей, которых он избрал целью своих придирок и колкостей, без всякой видимой причины, а просто как предмет, над которым он изощрял свою наблюдательность.

Константин Христофорович Мамацев. *В записи В. А. Потто:*

Натуру его постичь было трудно. В кругу своих товарищей, гвардейских офицеров, участвующих вместе с ним в экспедиции, он был всегда весел, любил острить, но его остроты часто переходили в меткие и злые сарказмы, не доставлявшие особого удовольствия тем, на кого были направлены. Когда он оставался один или с людьми, которых любил, он становился задумчив, и тогда лицо его принимало необыкновенно выразительное, серьезное и даже грустное выражение; но стоило появиться хотя одному гвардейцу, как он тотчас же возвращался к своей банальной веселости, точно стараясь выдвинуть вперед одну пустоту светской петербургской жизни, которую он презирал глубоко. В эти минуты трудно было узнать, что происходило в тайниках его великой души.

Аким Павлович Шан-Гирей (1819–1883), *троюродный брат Лермонтова и один из самых близких его друзей:*

Хотя он и не отличался особенно усердным выполнением религиозных обрядов, но не был ни атеистом, ни богохульником.

Михаил Юрьевич Лермонтов. *Из письма М. А. Лопухиной 2 сентября 1832 г.:*

Удивительная вещь — сны! — изнанка жизни, которая подчас приятнее действительности! Я ведь не разделяю мнения тех, кто говорит, будто жизнь только сон; я очень сильно чувствую ее реальность, ее завлекающую пустоту! Я никогда не сумею отрешиться от нее в такой степени, чтобы добровольно презирать ее; потому что жизнь моя это я сам, говорящий вам и тот, который через мгновение может превратиться в ничто, в одно имя, т. е. — опять-таки в ничто. — Бог знает, будет ли существовать мое «я» после смерти. Ужасно думать, что может настать день, когда я не буду в состоянии сказать: «я»! — Если это так, то мир — только комок грязи.

Характер

Виссарион Григорьевич Белинский. *Из письма В. П. Боткину 16–21 апреля 1840 г.:*
Каждое его слово — он сам, вся его натура, во всей глубине и целости своей. Я с ним робок, — меня давят такие целостные, полные натуры, я перед ними благоговею и смиряюсь в сознании своего ничтожества.

Александр Францевич Тиран:
Но со всем тем (Лермонтов. — *Сост.*) был дурной человек: никогда ни про кого не отзовется хорошо; очернить имя какой-нибудь светской женщины, рассказать про нее небывалую историю, наговорить дерзостей — ему ничего не стоило. Не знаю, был ли он зол или просто забавлялся, как гибнут в омуте его сплетен, но он был умен, и бывало ночью, когда остановится у меня, говорит, говорит — свечку зажгу: не черт ли возле меня? Всегда смеялся над убеждениями, презирал тех, кто верит и способен иметь чувство... Да, вообще это был «приятный» человек!.. <...> Хотел бы я, чтоб он вошел сюда хоть сейчас: всех бы оскорбил, кого-нибудь осмеял бы... Мы давали прощальный обед нашему любимому начальнику.

Все пришли, как следует, в форме, при сабле. Лермонтов был дежурный и явился, когда все уже сидели за столом; нимало не стесняясь, снимает саблю и становит ее в угол. Все переглянулись. Дело дошло до вина. Лермонтов снимает сюртук и садится за стол в рубашке.

— Поручик Лермонтов, — заметил старший, — извольте надеть ваш сюртук.

— А если я не надену?..

Слово за слово. «Вы понимаете, что после этого мы с вами служить не можем в одном полку?!»

— А куда же вы выходите, позвольте вас спросить? — Тут Лермонтова заставили одеться.

Ведь этакий был человек: мы с ним были в хороших отношениях, у меня он часто ночевал (между прочим, оттого, что свою квартиру никогда не топил), а раз-таки на дежурстве дал мне саблею шрам.

Фридрих Боденштедт:

Впрочем, он мог быть кроток и нежен, как ребенок, и вообще в его характере преобладало задумчивое, часто грустное настроение.

Николай Соломонович Мартынов:

Беспристрастно говоря, я полагаю, что он был добрый человек от природы, но свет его окончательно испортил. Быв с ним в весьма близких отношениях, я имел случай неоднократно замечать, что все хорошис движения сердца, всякий порыв нежного чувства он старался так же тщательно в себе заглушать и скрывать от других, как другие стараются скрывать свои гнусные пороки.

Вера Ивановна Анненкова:

Он был желчным и нервным и имел вид злого ребенка, избалованного, наполненного собой, упрямого и неприятного до последней степени. <...>

27

У него было болезненное самолюбие, которое причиняло ему живейшие страдания. Я думаю, что он не мог успокоиться оттого, что не был красив, пленителен, элегантен. Это составляло его несчастие. Душа поэта плохо чувствовала себя в небольшой коренастой фигуре карлика.

Николай Иванович Лорер (1795–1873), *декабрист, в 1837 г. был переведен из Сибири рядовым Тенгинского пехотного полка на Кавказ, где в 1840 г. познакомился с Лермонтовым:*
С первого шага нашего знакомства Лермонтов мне не понравился. Я был всегда счастлив нападать на людей симпатичных, теплых, умевших во всех фазисах своей жизни сохранить благодатный пламень сердца, живое сочувствие ко всему высокому, прекрасному, а говоря с Лермонтовым, он показался мне холодным, желчным, раздражительным и ненавистником человеческого рода вообще <...>.

Руфин Иванович Дорохов (1801–1852), *участник Кавказской войны, сослуживец Лермонтова:*
Лермонтов <...> принадлежал к людям, которые не только не нравятся с первого раза, но даже на первое свидание поселяют против себя довольно сильное предубеждение. Было много причин, по которым и мне он не полюбился с первого разу. Сочинений его я не читал, потому что до стихов, да и вообще до книг, не охотник, его холодное обращение казалось мне надменностью, а связи его с начальствующими лицами и со всеми, что терлось около штабов, чуть не заставили меня считать его за столичную выскочку. Да и физиономия его мне не была по вкусу, — впоследствии сам Лермонтов иногда смеялся над нею и говорил, что судьба, будто на смех, послала ему *общую армейскую наружность*. На каком-то увеселительном вечере мы чуть с ним не

посчитались очень крупно, — мне показалось, что Лермонтов трезвее всех нас, ничего не пьет и смотрит на меня насмешливо. То, что он был трезвее меня, — совершенная правда, но он вовсе не глядел на меня косо и пил, сколько следует, только, как впоследствии оказалось, — на его натуру, совсем не богатырскую, вино почти не производило никакого действия. Этим качеством Лермонтов много гордился, потому что и по годам, и по многому другому он был порядочным ребенком.

Александр Францевич Тиран:

Он был страх самолюбив и знал, что его все признают очень умным; вот и вообразит, что держит весь полк в руках, и начинает позволять себе порядочные дерзости, тут и приходилось его так цукнуть, что или дерись, или молчи. Ну, он обыкновенно обращал в шутку. А то время было очень щекотливое: мы любили друг друга, но жизнь была для нас копейка: раз за обедом подтрунивали над одним из наших, что с его ли фигурою ухаживать за дамами, а после обеда — дуэль...

Корнилий Александрович Бороздин:

Двадцать лет спустя после кончины Лермонтова мне привелось на Кавказе сблизиться с Н. П. Колюбакиным, когда-то разжалованным за пощечину своему полковому командиру в солдаты и находившемуся в 1837 году в отряде Вельяминова, в то время как туда же прислан был Лермонтов, переведенный из гвардии за стихи на смерть Пушкина. Они вскоре познакомились для того, чтобы скоро раззнакомиться благодаря невыносимому характеру и тону обращения со всеми безвременно погибшего впоследствии поэта. Колюбакин рассказывал, что их собралось однажды четверо, отпросившихся у Вельяминова недели на две в Георгиевск, они наняли

29

немецкую фуру и ехали в ней при оказии, то есть среди небольшой колонны, периодически ходившей из отряда в Георгиевск и обратно. В числе четверых находился и Лермонтов. Он сумел со всеми тремя своими попутчиками до того перессориться на дороге и каждого из них так оскорбить, что все трое ему сделали вызов, он должен был наконец вылезть из фургона и шел пешком до тех пор, пока не приискали ему казаки верховой лошади, которую он купил. В Георгиевске выбранные секунданты не нашли возможным допустить подобной дуэли: троих против одного, считая ее за смертоубийство, и не без труда уладили дело примирением, впрочем, очень холодным.

Со слов Константина Христофоровича Мамацева. *В пересказе В. А. Потто:*
Он был отчаянно храбр, удивлял своею удалью даже старых кавказских джигитов, но это не было его призванием, и военный мундир он носил только потому, что тогда вся молодежь лучших фамилий служила в гвардии. <...> Он никогда не подчинялся никакому режиму, и его команда, как блуждающая комета, бродила всюду, появлялась там, где ей вздумается, в бою она искала самых опасных мест, — и находила их чаще всего у орудий Мамацева.

Виссарион Григорьевич Белинский. *Из письма В. П. Боткину 16–21 апреля 1840 г.:*
Эта русская разудалая голова так и рвется на нож.

Руфин Иванович Дорохов. *Из письма М. В. Юзефовичу:*
Славный малый — честная, прямая душа — не сносить ему головы.

Особенности поведения

Александр Матвеевич Меринский:

В обществе Лермонтов был очень злоречив, но душу имел добрую: как его товарищ, знавший его близко, я в том убежден. Многие его недоброжелатели уверяли в противном и называли его *беспокойным человеком*.

Александр Васильевич Мещерский:

Впоследствии, сблизившись с Лермонтовым, я убедился, что изощрять свой ум в насмешках и остротах постоянно над намеченной им в обществе жертвой составляло одну из резких особенностей его характера. Я помню, что раз я застал у него одного гвардейского толстого кирасирского полковника З., служившего в то время жертвой всех его сарказмов, и хотя я не мог не смеяться от души остроумию и неистощимому запасу юмора нашего поэта, но не мог также в душе не сострадать его жертве и не удивляться ее долготерпению.

Корнилий Александрович Бороздин:

Во все время разговора с хозяйкой с лица Лермонтова не сходила сардоническая улыбка, а речь его шла на ту же тему, что и у Чацкого, когда тот, разочарованный Москвою, бранил ее беспощадно. Передать всех мелочей я не в состоянии, но помню, что тут повально перебирались кузины, тетеньки, дяденьки говорившего и масса других личностей большого света, мне неизвестных и знакомых хозяйке. Она заливалась смехом и вызывала Лермонтова своими расспросами на новые сарказмы.

Фридрих Боденштедт:

После того как Лермонтов быстро отведал несколько кушаньев и выпил два стакана вина (при этом он не прятал под стол свои красивые, выхоленные руки), он сделался очень разговорчив, и, надо полагать, то, что он говорил, было остроумным и смешным, так как слова его несколько раз прерывались громким смехом. К сожалению, для меня его остроты оставались непонятными, так как он нарочно говорил по-русски и к тому же чрезвычайно быстро, а я в то время недостаточно хорошо понимал русский язык, чтобы следить за разговором. Я заметил только, что шпильки его часто переходили в личности; но, получив несколько раз резкий отпор от Олсуфьева, он счел за лучшее избирать мишенью своих шуток только молодого князя.

Некоторое время тот добродушно переносил остроты Лермонтова; но наконец и ему уже стало невмочь, и он с достоинством умерил его пыл, показав этим, что, при всей ограниченности ума, он порядочный человек.

Казалось, Лермонтова искренне огорчило, что он обидел князя, своего друга молодости, и он всеми силами старался помириться с ним, в чем скоро и успел. <...>

Людей же, недостаточно знавших его, чтобы прощать его недостатки за прекрасные качества, преобладавшие в его характере, он отталкивал, так как слишком часто давал волю своему несколько колкому остроумию.

Иван Иванович Панаев (1812–1862), *писатель, журналист, мемуарист:*

Я много слышал о Лермонтове от его школьных и полковых товарищей. По их словам, он был любим очень немногими, только теми, с которыми был близок, но и с близкими людьми он не был сообщителен. У него была страсть отыскивать в каждом своем знакомом какую-нибудь комическую сторону, какую-нибудь слабость, и, отыскав ее, он упорно и постоянно преследовал такого человека, подтрунивал над ним и выводил его наконец из терпения. Когда он достигал этого, он был очень доволен.

— Странно, — говорил мне один из его товарищей, — в сущности он был, если хотите, добрый малый: покутить, повеселиться — во всем этом он не отставал от товарищей; но у него не было ни малейшего добродушия, и ему непременно нужна была жертва, — без этого он не мог быть покоен, — и, выбрав ее, он уж беспощадно преследовал ее. Он непременно должен был кончить так трагически: не Мартынов, так кто-нибудь другой убил бы его.

Виктор Петрович Бурнашёв:

В одно воскресенье, помнится, 15-го сентября 1836 года, часу во втором дня, я поднимался по лестнице конногвардейских казарм, в квартиру доброго моего приятеля А. И. Синицына. <...> я вошел к Синицыну и застал моего доброго Афанасия Ивановича в его шелковом халате, надетом на палевую канаусовую с косым воротом рубашку, занятого прилежным смахиванием пыли метелкою из петушьих перьев со стола, дивана и кресел и выниманием окурков маисовых пахитосов, самого толстого калибра, из цветочных горшков, за которыми патриархальный мой Афанасий Иванович имел тщательный и старательный личный уход, опасаясь дозволять слугам касаться до его комнатной флоры, покрывавшей все его

33

окна, увешанные, кроме того, щеголеватыми проволочными клетками, в которых распевали крикуньи-канарейки и по временам заливались два жаворонка, датский и курский.

— Что это вы так хлопочете, Афанасий Иванович? — спросил я, садясь в одно из вольтеровских кресел, верх которого прикрыт был антимакассаром, чтоб не испортил бы кто жирными волосами яркоцветной штофной покрышки, впрочем и без того всегда покрытой белыми, коленкоровыми чехлами.

— Да, как же (отвечал Синицын с несколько недовольным видом), я, вы знаете, люблю, чтоб у меня все было в порядке, сам за всем наблюдаю; а тут вдруг откуда ни возьмись влетает к вам товарищ по школе, курит, сыплет пепел везде, где попало, тогда как я ему указываю на пепельницу, и вдобавок швыряет окурки своих проклятых трабукосов* в мои цветочные горшки, и при всем этом без милосердия болтает, лепечет, рассказывает всякие грязные истории о петербургских продажных красавицах, декламирует самые скверные французские стишонки, тогда как самого-то Бог наградил замечательным талантом писать истинно прелестные русские стихи. Так небось не допросишься, чтоб что-нибудь свое прочел! Ленив, пострел, ленив страшно, и что ни напишет, все или прячет куда-то, или жжет на раскурку трубок своих же сорвиголов гусаров. А ведь стихи-то его — это просто музыка! Да и распречестный малый, превосходный товарищ! Вот даже сию минуту привез мне какие-то сто рублей, которые еще в школе занял у меня «Курок»... Да, ведь вы «Курка» не знаете: это один из наших школьных товарищей, за которого этот гусарчик, которо-

---

* Толстые пахитосы в маисовой соломе, вроде нынешних папиросов, явившихся в Петербурге только в конце сороковых годов. (*Прим. В. П. Бурнашёва.*)

го вы, верно, сейчас встретили, расплачивается. Вы знаете, Владимир Петрович, я не люблю деньги жечь; но, ей-богу, я сейчас предлагал этому сумасшедшему: «Майошка, напиши, брат, сотню стихов, о чем хочешь: охотно плачу тебе по рублю, по два, по три за стих с обязательством держать их только для себя и для моих друзей, не пуская в печать». Так нет, не хочет, капризный змееныш этакой, не хочет даже «Уланшу» свою мне отдать целиком и в верном оригинале, и теперь даже божился, греховодник, что у него и «Монго» нет, между тем Коля Юрьев давно у него же для меня подтибрил копию с «Монго». Прелесть, я вам скажу, прелесть, а все-таки не без пакостной барковщины. S'est plus fort que lui!* Еще у этого постреленка, косолапого «Майошки», страстишка дразнить меня моею аккуратною обстановкою и приводить у меня мебель в беспорядок, сорить пеплом и, наконец, что уж из рук вон, просто сердце у меня вырывает, это то, что он портит мои цветы, рододендрон вот этот, и как нарочно выбрал же он рододендрон, а не другое что, и забавляется, разбойник этакой, тем, что сует окурки в землю, и не то чтобы только снаружи, а расковыривает землю, да и хоронит. Ну далеко ли до корня? Я ему резон говорю, а он заливается хохотом! Просто отпетый какой-то «Майошка», мой любезный однокашник.

И все это Афанасий Иванович рассказывал, стараясь как можно тщательнее очистить поверхность земли в горшке своего любезного рододендрона, не поднимая на меня глаз и устремив все свое внимание на цветочную землю и на свою работу; но, вдруг заметив, что и я курю мои соломинки-пахитосы, он быстро взглянул, стоит ли в приличном расстоянии от меня бронзовая пепельница. Вслед-

---

* *Здесь:* Он перед этим не может устоять! (*франц.*)

ствие этого не по натуре его быстрого движения, я сказал ему:

— Не опасайтесь, дорогой Афанасий Иванович, я у вас не насорю. Но скажите, пожалуйста, гость ваш, так вас огорчивший, ведь это тот молоденький гусар, что сейчас от вас вышел хохоча?

— Да, да, — отвечал Синицын, — тот самый. И вышел, злодей, с хохотом от меня, восхищаясь тем, что доставил мне своим визитом работы на добрый час, чтоб за ним подметать и подчищать. Еще, слава богу, ежели он мне не испортил вконец моего рододендрона. <...>

...Я спросил Синицына: «Кто же этот гусар? Вы называете его „Майошкой“; но это, вероятно, школьная кличка, nom de guerre?»*

— Лермонтов, — отвечал Синицын, — мы с ним были вместе в кавалерийском отделении школы.

Андрей Алексеевич Краевский (1810–1889), *литератор, журналист, издатель журнала «Отечественные записки» (с 1839 г.), постоянным автором которого был Лермонтов. В пересказе П. А. Висковатова:*

У него таки бывали странные выходки — любил школьничать! Раз он меня потащил в маскарад, в дворянское собрание; взял у кн. Одоевской ее маску и домино и накинул его сверх гусарского мундира; спустил капюшон, нахлобучил шляпу и помчался. На все мои представления Лермонтов отвечает хохотом. Приезжаем; он сбрасывает шинель, надевает маску и идет в залы. Шалость эта ему прошла безнаказанно.

Иван Иванович Панаев:

Лермонтов обыкновенно заезжал к г-ну Краевскому по утрам (это было в первые годы «Отечественных записок», в сороковом и сорок первом годах) и при-

* Прозвище (*франц.*).

возил ему свои новые стихотворения. Входя с шумом в его кабинет, заставленный фантастическими столами, полками и полочками, на которых были аккуратно расставлены и разложены книги, журналы и газеты, Лермонтов подходил к столу, за которым сидел редактор, глубокомысленно погруженный в корректуры <...> разбрасывал эти корректуры и бумаги по полу и производил страшную кутерьму на столе и в комнате. Однажды он даже опрокинул ученого редактора со стула и заставил его барахтаться на полу в корректурах. Г-ну Краевскому, при его всегдашней солидности, при его наклонности к порядку и аккуратности, такие шуточки и школьничьи выходки не должны были нравиться; но он поневоле переносил это от великого таланта, с которым был на *ты*, и, полуморщась, полуулыбаясь, говорил:
— Ну, полно, полно... перестань, братец, перестань. Экой школьник.

Г-н Краевский походил в такие минуты на гётевского Вагнера, а Лермонтов на маленького бесенка, которого Мефистофель мог подсылать к Вагнеру нарочно для того, чтобы смущать его глубокомыслие. Когда ученый приходил в себя, поправлял свои волосы и отряхал свои одежды, поэт пускался в рассказы о своих светских похождениях, прочитывал свои новые стихи и уезжал. Посещения его всегда были очень непродолжительны. <...>

В другой раз я застал Лермонтова у г-на Краевского в сильном волнении. Он был взбешен за напечатание без его спроса «Казначейши» в «Современнике», издававшемся Плетнёвым. Он держал тоненькую розовую книжечку «Современника» в руке и покушался было разодрать ее, но г-н Краевский не допустил его до этого.

— Это черт знает что такое! позволительно ли делать такие вещи! — говорил Лермонтов, размахивая книжечкою... — Это ни на что не похоже!

Он подсел к столу, взял толстый красный карандаш и на обертке «Современника», где была напечатана его «Казначейша», набросал какую-то карикатуру. Вероятно, этот нумер «Современника» сохраняется у г-на Краевского в воспоминание о поэте.

Николай Михайлович Сатин (1814–1873), *литератор, издатель:*
Он не любил говорить о своих литературных занятиях, не любил даже читать своих стихов; но зато охотно рассказывал о своих светских похождениях, сам первый подсмеиваясь над своими *любями* и волокитствами.

Александр Илларионович Васильчиков:
Он был шалун в полном ребяческом смысле слова, и день его разделялся на две половины между серьезными занятиями и чтениями и такими шалостями, какие могут прийти в голову разве только пятнадцатилетнему школьному мальчику; например, когда к обеду подавали блюдо, которое он любил, то он с громким криком и смехом бросался на блюдо, вонзал свою вилку в лучшие куски, опустошал все кушанье и часто оставлял всех нас без обеда. Раз какой-то проезжий стихотворец пришел к нему с толстой тетрадью своих произведений и начал их читать; но в разговоре, между прочим, сказал, что он едет из России и везет с собой бочонок свежепросольных огурцов, большой редкости на Кавказе; тогда Лермонтов предложил ему прийти на его квартиру, чтобы внимательнее выслушать его прекрасную поэзию, и на другой день, придя к нему, намекнул на огурцы, которые благодушный хозяин и поспешил подать. Затем началось чтение, и покуда автор все более и более углублялся в свою поэзию, его слушатель Лермонтов скушал половину огурчиков, другую половину набил себе в карманы

и, окончив свой подвиг, бежал без прощанья от неумолимого чтеца-стихотворца.

Обедая каждый день в Пятигорской гостинице, он выдумал еще следующую проказу. Собирая столовые тарелки, он сухим ударом в голову слегка их надламывал, но так, что образовывалась только едва заметная трещина, а тарелка держалась крепко, покуда не попадала при мытье посуды в горячую воду; тут она разом расползалась, и несчастные служители вынимали из лохани вместо тарелок груды лома и черепков. Разумеется, что эта шутка не могла продолжаться долго, и Лермонтов поспешил сам заявить хозяину о своей виновности и невинности прислуги и расплатился щедро за свою забаву.

Евдокия Петровна Ростопчина (урожд. Сушкова; 1811–1858), *поэтесса, адресат лирики Лермонтова. Из письма Александру Дюма 27 августа/10 сентября 1858 г.:*
Однажды он объявил, что прочитает нам новый роман, под заглавием «Штос», причем он рассчитал, что ему понадобится по крайней мере четыре часа для его прочтения. Он потребовал, чтобы собрались вечером рано и чтобы двери были заперты для посторонних. Все его желания были исполнены, и избранники сошлись числом около тридцати; наконец Лермонтов входит с огромной тетрадью под мышкой, принесли лампу, двери заперли, и затем начинается чтение; спустя четверть часа оно было окончено. Неисправимый шутник заманил нас первой главой какой-то ужасной истории, начатой им только накануне; написано было около двадцати страниц, а остальное в тетради была белая бумага. Роман на этом остановился и никогда не был окончен.

Николай Павлович Раевский. *В пересказе В. П. Желиховской:*
У Михаила Юрьевича, надо вам знать, была странность: терпеть он не мог, когда кто из любителей,

даже и талантливый, играть или петь начнет; и всегда это его раздражало.

Я и сам пел, он ничего, мне позволял, потому что любил меня. Вот тоже и со стихами моими бывало. Был у нас чиновничек из Петербурга, Отрешков-Терещенко по фамилии, и грамотей считался. Он же потом первый и написал в русские газеты, не помню куда именно, о дуэли и смерти Лермонтова. Ну, так вот, этот чиновник стишки писал. И знаю я, что ничуть не хуже меня. А вот поди ж ты! Попросит его Михаил Юрьевич почитать что-нибудь и хвалит, да так хвалит, что мы рады были бы себе языки поотку-сывать, лишь бы свой хохот скрыть.

Александр Васильевич Мещерский:

Лермонтов хорошо говорил по-малороссийски и неподражаемо умел рассказывать малороссийские анекдоты. Им, например, был пущен известный анекдот (который я после слышал и от других) о том хохле, который ехал один по непомерно широкой почтовой малороссийской дороге саженей во сто ширины. По обыкновению хохол заснул на своем возе глубоким сном, волы его выбились из колеи и, наконец, осью зацепили за поверстный столб, отчего остановились. От толчка хохол вдруг проснулся, спросонья осмотрелся, увидел поверстный столб, плюнул и, слезая с своего воза, сказал: «Що за бісова тиснота, не можно и возом розминутця!»

По поводу лености и невозмутимости хохла Лермонтов мне рассказал, как, оставляя Петербург и лейб-гусарский полк, чтобы перейти на службу на Кавказ, он ставил свою тысячную верховую лошадь на попечении все того же своего денщика Сердюка, поручив своему товарищу по полку, князю Меншикову, в возможно скорейшее время ее продать. Очень долго не находилось покупщиков. Наконец Меншиков нашел покупателя и с ним отправился в полковой манеж, чтобы показать ему продажную лермонтовскую лошадь. Немало времени они ожидали в манеже Сердюка с его лошадью. Наконец показался за барьером манежа какой-то человек, который с веревкой на плече тащил с трудом что-то, должно быть, очень тяжелое; через несколько времени показалась голова лошади, которая, фыркая и упираясь, медленно подвигалась вперед и озиралась на все стороны. Когда Сердюк с трудом втащил ее на средину манежа, то издали она не похожа была на лошадь, а на какого-то допотопного зверя: до такой степени она обросла длинной шерстью; уши, которыми она двигала то взад, то вперед, так заросли, что похожи были на огромные веера, которыми она махала. Князь Меншиков, возмущенный этой картиной, спросил у Сердюка, что за зверя он привел, но Сердюк отвечал очень хладнокровно: «Это лошадь, ваше высокоблагородие!» — «Да что ты с ней сделал, Сердюк, с этой лошадью?» — «Да что же, ваше высокоблагородие, с ней сделается? Она себе корм ест, пьет, никто ее не трогает; помилуйте, что с ней сделается?»

Оказывается, что Сердюк целый год лошадь не чистил и не выводил из денника, так что она совершенно одичала и обросла. <...>

Он мне сам рассказывал, например, как во время лагеря, лежа на постели в своей палатке, он, скуки ради, кликал к себе своего денщика и начинал его дразнить. «Презабавный был, — говорил он, — мой денщик малоросс Сердюк. Бывало, позову его и спрашиваю: „Ну, что, Сердюк, скажи мне, что ты больше всего на свете любишь?“» Сердюк, зная, что должны начаться над ним обыкновенные насмешки, сначала почтительно пробовал уговаривать барина не начинать вновь ежедневных над ним испытаний, говоря: «Ну, що, ваше благородие... оставьте, ваше благородие... я ничего не люблю...» Но Лермонтов продолжал: «Ну, что, Сердюк, отчего ты не хочешь сказать?» — «Да не помню, ваше благородие». Но Лермонтов не унимался: «Скажи, — говорит, — что тебе стоит? Я у тебя спрашиваю, что ты больше всего на свете любишь?» Сердюк все отговаривался незнанием. Лермонтов продолжал его пилить, и наконец, через четверть часа, Сердюк, убедившись, что от барина своего никак не отделается, добродушно делал признание: «Ну, що, ваше благородие, — говорил он, — ну, пожалуй, мед, ваше благородие». Но и после этого признания Лермонтов от него не отставал. «Нет, — говорил он, — ты, Сердюк, хорошенько подумай: неужели ты в самом деле мед всего больше на свете любишь?» Лермонтов начинал снова докучливые вопросы и на разные лады. Это опять продолжалось четверть часа, если не более, и наконец, когда истощался весь запас хладнокровия и терпения у бедного Сердюка, на последний вопрос Лермонтова о том, чтобы Сердюк подумал хорошенько, не любит ли он что-нибудь другое на свете лучше меда, Сердюк с криком выбегал из палатки, говоря: «Терпеть его не могу, ваше благородие!..»

Вообще Лермонтов был преприятный собеседник и неподражаемо рассказывал анекдоты.

Среди множества сохранившихся в моей памяти анекдотов, слышанных мною от него, хотя и очень затруднителен будет выбор, но я не могу лишить себя удовольствия упомянуть здесь хотя о некоторых, попадающихся мне случайно более свежими в эту минуту на память. Ведь в сущности всякая мелочь, которая касается такого любимого всеми поэта, каким был Лермонтов, дорога́, а мне несомненно больше других, потому что я его лично хорошо знал и что для меня память о нем связана с воспоминаниями о моей молодости...

Вообще в холостой компании Лермонтов особенно оживлялся и любил рассказы, перерывая очень часто самый серьезный разговор какой-нибудь шуткой, а нередко и нецензурными анекдотами, о которых я не буду говорить, хотя они были остроумны и смешны донельзя.

Так, как-то раз, среди серьезной беседы об искусстве и поэзии, Лермонтов стал комично рассказывать что-то о неизданных поэтах и об их сношениях с издателями и книгопродавцами. «А вот что, — сказал Лермонтов, — говорил мне приказчик одного книгопродавца, мальчик лет шестнадцати. Приходит на днях в лавку какой-то господин (хозяина не было), обращается ко мне и спрашивает: „Что, говорит, стихотворения мои проданы?“ (Тут я его узнал, говорит мальчик, он к нам уже месяцев шесть ходит.) „Никак нет, — отвечаю ему, — еще не проданы“. — „Как, — говорит он, — не проданы? Отчего не проданы? Вы, — говорит, — все мошенничаете!“ Подошел ко мне, да бац, — говорит мальчик, — мне в ухо!.. Вот тебе раз, думаю себе, что из этого будет? „Отчего, — говорит, — не проданы?“ Я говорю: „Никто не спрашивал“. — „Как, — говорит, — никто не спрашивал?“ Бац, — говорит, — мне в другое ухо! Я думаю себе, что из этого будет? „Где, — говорит, — мои стихотворения? Подай, — говорит, — мне их все сюда!“ А сам ругается. „Вы, — говорит, — все кровопийцы!“ Я побежал, принес связку его сочинений. Думаю себе: „Господи, что из этого будет?“ Господин подошел ко мне. „Все ли они, — говорит, — тут?“ Я говорю: „Извольте видеть, как были связаны, так и есть!“ Он тут схватил меня за волосы и начал таскать по лавке; таскал, таскал, да как бросит, плюнул и ушел! Так, — говорит мальчик, — я ничего и не дождался от него! Такой, — говорит, — чудак этот господин стихотворец! Я и фамилии его не упомню».

Андрей Николаевич Муравьев (1806–1874), *поэт, публицист, историк церкви, мемуарист:*
Лермонтов просиживал у меня по целым вечерам; живая и остроумная его беседа была увлекательна,

анекдоты сыпались, но громкий и пронзительный его смех был неприятен для слуха, как бывало и у Хомякова, с которым во многом имел он сходство; не один раз просил я и того и другого «смеяться проще».

Аким Павлович Шан-Гирей:
...Я редко встречал человека беспечнее его относительно материальной жизни, кассиром был его Андрей, действовавший совершенно бесконтрольно. Когда впоследствии он стал печатать свои сочинения, то я часто говорил ему: «Зачем не берешь ты ничего за свои стихи. Пушкин был не беднее тебя, однако платили же ему книгопродавцы по золотому за каждый стих», но он смеясь отвечал мне словами Гёте:

> Das Lied, das aus der Kehle dringt
> Ist Lohn, der reichlich lohnet*.

Моисей Егорович Меликов:
Помню характерную черту Лермонтова: он был ужасно прожорлив и ел все, что подавалось. Это вызывало насмешки и шутки окружающих, особенно барышень, к которым Лермонтов вообще был неравнодушен.

Екатерина Александровна Сушкова (в замуж. Хвостова; 1812–1868), *адресат лирики Лермонтова:*
Еще очень подсмеивались мы над ним в том, что он не только был неразборчив в пище, но никогда не знал, что ел, телятину или свинину, дичь или барашка; мы говорили, что, пожалуй, он со временем, как Сатурн, будет глотать булыжник. Наши насмешки выводили его из терпения, он спорил с нами почти до слез, стараясь убедить нас в утонченности

---

* Песня, которая льется из уст, сама по себе есть лучшая награда (*нем.*).

своего гастрономического вкуса; мы побились об заклад, что уличим его в противном на деле. И в тот же самый день, после долгой прогулки верхом, велели мы напечь к чаю булочек с опилками! И что же? Мы вернулись домой утомленные, разгоряченные, голодные, с жадностию принялись за чай, а наш-то гастроном Мишель не поморщась проглотил одну булочку, принялся за другую и уже придвинул к себе и третью, но Сашенька и я, мы остановили его за руку, показывая в то же время на неудобосваримую для желудка начинку. Тут не на шутку взбесился он, убежал от нас и не только не говорил с нами ни слова, но даже и не показывался несколько дней, притворившись больным.

Фридрих Боденштедт:
При выборе кушаньев и в обращении к прислуге он употреблял выражения, которые в большом ходу у многих, чтобы не сказать у всех русских, но которые в устах этого гостя — это был Михаил Лермонтов — неприятно поразили меня. Эти выражения иностранец прежде всего научается понимать в России, потому что слышит их повсюду и беспрестанно; но ни один порядочный человек — за исключением грека или турка, у которых в ходу точь-в-точь такие выражения, — не решится написать их в переводе на свой родной язык.

Александр Францевич Тиран:
Между прочим, на нем рубашку всегда рвали товарищи, потому что сам он ее не менял...

Творчество

Святослав Афанасьевич Раевский (1808–1876), *литератор, товарищ Лермонтова:*
Соображения Лермонтова сменялись с необычайною быстротой, и как ни была бы глубока, как ни долговременно таилась в душе его мысль, он обнаруживал ее кистью или пером изумительно легко, и я бывал свидетелем, как во время размышлений противника его в шахматной игре Лермонтов писал драматические отрывки, замещая краткие отдыхи своего поэтического пера быстрыми очерками любимых его предметов: лошадей, резких физиогномий и т. п.

Александр Матвеевич Меринский:
По вечерам, после учебных занятий (в Школе гвардейских подпрапорщиков. — *Сост.*), поэт наш часто уходил в отдаленные классные комнаты, в то время пустые, и там один просиживал долго и писал до поздней ночи, стараясь туда пробраться не замеченным товарищами. Иногда он занимался рисованием; он недурно рисовал и любил изображать кавказские виды и черкесов, скакавших по горам.

Евдокия Петровна Ростопчина. *Из письма Александру Дюма 27 августа/10 сентября 1858 г.:*

Здесь будет уместно провести параллель между Пушкиным и Лермонтовым, собственно в смысле поэта и писателя.

Пушкин — весь порыв, у него все прямо выливается; мысль исходит или, скорее, извергается из его души, из его мозга, во всеоружии с головы до ног; затем он все переделывает, исправляет, подчищает, но мысль остается та же, цельная и точно определенная.

Лермонтов ищет, сочиняет, улаживает; разум, вкус, искусство указывают ему на средство округлить фразу, усовершенствовать стих; но первоначальная мысль постоянно не имеет полноты, неопределенна и колеблется; даже и теперь в полном собрании его сочинений попадается тот же стих, та же строфа, та же идея, вставленная в совершенно разных пьесах.

Пушкин давал себе тотчас отчет в ходе и совокупности даже и самой маленькой из его отдельных пьес.

Лермонтов набрасывал на бумагу стих или два, пришедшие в голову, не зная сам, что он с ними сделает, а потом включал их в то или другое стихотворение, к которому, как ему казалось, они подходили.

Аким Павлович Шан-Гирей:

С 1839 года стал он печатать свои произведения в «Отечественных записках»; у него не было чрезмерного авторского самолюбия; он не доверял себе, слушал охотно критические замечания тех, в чьей дружбе был уверен и на чей вкус надеялся, притом не побуждался меркантильными расчетами, почему и делал строгий выбор произведениям, которые назначал к печати.

Иван Иванович Панаев:

Раз утром Лермонтов приехал к г-ну Краевскому в то время, когда я был у него. Лермонтов привез ему свое стихотворение.

> Есть речи — значенье
> Темно иль ничтожно... —

прочел его и спросил:

— Ну что, годится?..

— Еще бы! дивная вещь! — отвечал г-н Краевский, — превосходно; но тут есть в одном стихе маленький грамматический промах, неправильность...

— Что такое? — спросил с беспокойством Лермонтов.

> Из *пламя* и света
> Рожденное слово...

Это неправильно, не так, — возразил г-н Краевский, — по-настоящему, по грамматике, надо сказать из *пламени* и света...

— Да если этот пламень не укладывается в стих? Это вздор, ничего, — ведь поэты позволяют себе разные поэтические вольности — и у Пушкина их много... Однако... (Лермонтов на минуту задумался)... дай-ка я попробую переделать этот стих.

Он взял листок со стихами, подошел к высокому фантастическому столу с выемкой, обмакнул перо и задумался.

Так прошло минут пять. Мы молчали.

Наконец Лермонтов бросил с досадой перо и сказал:

— Нет, ничего нейдет в голову. Печатай так, как есть. Сойдет с рук...

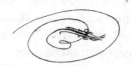

Круг интересов и увлечений

Моисей Егорович Меликов:

Помню, что, когда впервые встретился я с Мишей Лермонтовым, его занимала лепка из красного воска: он вылепил, например, охотника с собакой и сцены сражений. Кроме того, маленький Лермонтов составил театр из марионеток, в котором принимал участие и я с Мещериновыми; пиесы для этих представлений сочинял сам Лермонтов.

Павел Александрович Висковатов (1842–1905), *историк литературы, автор первой научной биографии Лермонтова:*

Одною из любимых забав мальчика было занятие театром мариопеток, в то время весьма распространенным. Еще из Москвы Лермонтов просил тетку выслать ему «воски», потому что и в Москве он «делает театр, который довольно хорошо выходит, и где будут играть восковые куклы». Аким Павлович Шан-Гирей хорошо помнил этих актеров-кукол с вылепленными самим Лермонтовым головами из воску. Среди них была кукла, излюбленная мальчиком-поэтом, носившая почему-то название «Berquin» и исполнявшая самые фантастические роли в пьесах, которые сочинял Мишель, заимствуя сюжеты или из слышанного, или прочитанного.

Лепил Лермонтов недурно, и С. А. Раевский рассказывает, что двенадцати лет он «вылепил из воску спасение жизни Александра Великого Клитом при переходе через Граник». Слоны и колесница играли тут главную роль, украшенные бусами, стеклярусом и фольгой.

Аким Павлович Шан-Гирей:

Великим постом Мишель был мастер делать из талого снегу человеческие фигуры в колоссальном виде; вообще он был счастливо одарен способностями к искусствам; уже тогда рисовал акварелью довольно порядочно и лепил из крашеного воску целые картины; охоту за зайцем с борзыми, которую раз всего нам пришлось видеть, вылепил очень удачно, также переход через Граник и сражение при Арбеллах, со слонами, колесницами, украшенными стеклярусом, и косами из фольги.

Николай Соломонович Мартынов:

Из наук Лермонтов с особенным рвением занимался русской словесностью и историей. Вообще он имел способности весьма хорошие, но с любовью он относился только к этим двум предметам.

Александр Матвеевич Меринский:

В то время в юнкерской школе нам не позволялось читать книг чисто литературного содержания, хотя мы не всегда исполняли это; те, которые любили чтение, занимались им большею частью по праздникам, когда нас распускали из школы. Всякий раз, как я заходил в дом к Лермонтову, почти всегда находил его с книгою в руках, и книга эта была: сочинения Байрона и иногда Вальтер Скотт, на английском языке, — Лермонтов знал этот язык. Какое имело влияние на поэзию Лермонтова чтение Байрона — всем известно; но не одно это, — и характер его, отчасти схожий с Байроновым, был причиной, что Лермонтов, несмотря на свою самобытность, невольно иногда подражал британскому поэту.

Виссарион Григорьевич Белинский. *Из письма В. П. Боткину 16–21 апреля 1840 г.:*
Он славно знает по-немецки и Гёте почти всего наизусть дует. Байрона режет тоже в подлиннике.

Александр Алексеевич Лопухин (1839–1895), *сын близкого приятеля Лермонтова, Алексея Александровича Лопухина (его рождению посвящено стихотворение Лермонтова «Ребенка милого рожденье...»):*
Отец рассказывал мне, что Лермонтов вообще, а в молодости в особенности, постоянно искал новой деятельности и, как говорил, не мог остановиться на той, которая должна бы его поглотить всецело, и потому, часто меняя занятия, он, попадая на новое, всегда с полным увлечением предавался ему. И вот в один из таких периодов, когда он занимался исключительно математикой, он однажды до поздней ночи работал над разрешением какой-то задачи, которое ему не удавалось, и утомленный заснул над ней. Тогда ему приснился человек, изображенный на прилагаемом полотне, который помог ему разрешить задачу. Лермонтов проснулся, изложил разрешение на доске и под свежим впечатлением мелом и углем нарисовал портрет приснившегося ему человека на штукатурной стене его комнаты. На другой день отец мой пришел будить Лермонтова, увидел нарисованное, и Лермонтов рассказал ему, в чем дело. Лицо изображенное было настолько характерно, что отец хотел сохранить его и призвал мастера, который должен был сделать раму кругом

нарисованного, а самое изображение покрыть стеклом, но мастер оказался настолько неумелым, что при первом приступе штукатурка с рисунком развалилась. Отец был в отчаянии, но Лермонтов успокоил его, говоря: «ничего, мне эта рожа так в голову врезалась, что я тебе намалюю ее на полотне», что и исполнил. Отец говорил, что сходство вышло поразительное.

Александр Францевич Тиран:
Лермонтов был чрезвычайно талантлив, прекрасно рисовал и очень хорошо пел романсы, т. е. не пел, а говорил их почти речитативом.

Со слов Константина Христофоровича Мамацева.
В пересказе В. А. Потто:
Он имел склонность и к музыке и к живописи, но рисовал одни карикатуры, и если чем интересовался — так это шахматною игрою, которой предавался с увлечением. Он искал, однако, сильных игроков, и в палатке Мамацева часто устраивались состязания между ним и молодым артиллерийским поручиком Москалевым. Последний был действительно отличный игрок, но ему только в редких случаях удавалось выиграть партию у Лермонтова.

Владимир Александрович Соллогуб, граф (1813–1882), *писатель, мемуарист:*
Лермонтов, одаренный большими самородными способностями к живописи, как и к поэзии, любил чертить пером и даже кистью вид разъяренного моря, из-за которого подымалась оконечность Александровской колонны с венчающим ее ангелом. В таком изображении отзывалась его безотрадная, жаждавшая горя фантазия.

Поэт и женщины

Александр Матвеевич Меринский:

Лермонтов, как сказано, был далеко не красив собою и, в первой юности, даже неуклюж. Он очень хорошо знал это и знал, что наружность много значит при впечатлении, делаемом на женщин в обществе. С его чрезмерным самолюбием, с его желанием *везде* и *во всем* первенствовать и быть замеченным, не думаю, чтобы он хладнокровно смотрел на этот небольшой свой недостаток. Знанием сердца женского, силою своих речей и чувства он успевал располагать к себе женщин, — но видел, как другие, иногда ничтожные люди легко этого достигали.

Евдокия Петровна Ростопчина. *Из письма Александру Дюма 27 августа/10 сентября 1858 г.:*

Веселая холостая жизнь не препятствовала ему посещать и общество, где он забавлялся тем, что сводил с ума женщин, с целью потом их покидать и оставлять в тщетном ожидании; другая его забава была расстройство партий, находящихся в зачатке, и для того он представлял из себя влюбленного в продолжение нескольких дней; всем этим, как казалось, он старался доказать самому себе, что женщины могут его любить, несмотря на его малый рост и некрасивую наружность. Мне случалось слышать признания нескольких из его жертв, и я не могла удержаться от смеха, даже прямо в лицо, при виде слез моих подруг, не могла не смеяться над оригинальными и комическими развязками, которые он давал своим злодейским донжуанским подвигам. Помню, один раз он, забавы ради, решился заместить богатого жениха, и когда все считали уже Лермонтова готовым занять его место, родители невесты вдруг получили анонимное письмо, в котором их уговаривали изгнать Лермонтова из своего дома и в котором описывались всякие о нем ужасы. Это письмо написал он сам, и затем уже более в этот дом не являлся.

Михаил Юрьевич Лермонтов. *Из письма М. А. Лопухиной 23 декабря 1834 г.:*
Я ухаживаю и вслед за объяснением в любви я говорю дерзости; это еще меня немного забавляет, и хотя это не совсем ново, по крайней мере редко встречается! Вы подумаете, что за это меня попросту выпроваживают... ну нет, совсем наоборот... женщины так созданы; я начинаю держать себя с ними самоувереннее; ничто меня не смущает — ни гнев, ни нежность: я всегда настойчив и горяч, а мое сердце довольно холодно; оно бьется только в исключительных случаях: не правда ли, далеко пошел...

Николай Соломонович Мартынов:
Он считал постыдным признаться, что любил какую-нибудь женщину, что приносил какие-нибудь жертвы для этой любви, что сохранил уважение к любимой женщине: в его глазах все это было романтизм, напускная экзальтация, которая не выдерживает ни малейшего анализа.

Михаил Юрьевич Лермонтов. *Из письма А. М. Вере-*
щагиной. Весна 1835 г.:

Алексей мог вам рассказать кое-что о моем образе жизни, но ничего интересного, если не считать за-вязки моих амурных приключений с Сушковой, раз-вязка которых была еще более занимательна и забав-на. Я начал ухаживать за ней не потому, что это было отблеском прошлого, — сперва это являлось предло-гом для времяпровождения, а затем, когда мы при-шли к доброму согласию, сделалось расчетом и вот каким образом. Я увидел, вступая в свет, что у каждо-го имеется свой пьедестал: богатство, имя, титул, по-кровительство... Я понял, что если бы мне удалось кого-нибудь занять собой, то другие незаметно зай-мутся мной, сначала из любопытства, а потом из со-ревнования.

Я понял, что С., желая меня *словить* (технический термин), легко со мной скомпрометирует себя. По-этому я ее скомпрометировал по мере моих сил, не скомпрометировав одновременно самого себя. Я обращался с ней публично как со своей, давая ей понять, что это единственный способ покорить ме-ня... Когда я увидел, что это мне удалось и что лиш-ний шаг меня погубит, я пошел на смелое предприя-тие: прежде всего на людях я сделался более холоден, а наедине с ней нежен, чтобы показать, что я ее боль-ше не люблю и что она меня обожает (что, по сущест-ву, неверно). Когда она начала это замечать и захоте-ла сбросить ярмо, я первый публично покинул ее. Я стал жесток и дерзок, насмешлив и холоден с ней при людях, я ухаживал за другими и рассказывал им (по секрету) ту часть истории, которая была в мою пользу. *Она* была так смущена этим неожиданным об-разом действий, что сначала растерялась и поко-рилась. Это дало повод к толкам и придало мне вид человека, одержавшего полную победу. Потом она воспрянула и стала повсюду бранить меня. Я же ее предупредил, и ее ненависть показалась ее доброжелательницам (или недоброжелательницам) оскорбленной любовью. Потом она попыталась вернуть меня притворной грустью, рассказывая всем моим близким знакомым, что она любит меня. Я не вернулся и воспользовался искусно всем этим. Я не в силах рассказать вам, как все это обернулось мне на пользу, это было бы слишком длинно и касается людей вам незнакомых. А вот забавная сторона истории: когда я увидел, что следует публично порвать с нею и, однако, наедине с ней казаться верным, я вдруг нашел очаровательное средство — написал анонимное письмо: «*Сударыня, я человек, который вас знает, но вам неизвестен и т. д. ... предупреждаю, остерегайтесь этого молодого человека. М. Л. – Он вас обольстит – и т. д. – Вот доказательства (глупости) и т. д...*». Письмо на четырех страницах! Я ловко направил письмо так, что оно попало прямо в руки тетки. В доме гром и молния! На следующий день я отправляюсь туда рано утром, так чтобы ни в каком случае не быть принятым. Вечером на балу я с удивлением рассказываю все это Сушковой. Она мне поверяет ужасную и непонятную новость. Мы пускаемся в догадки. Наконец, она говорит, что ее родные запрещают ей разговаривать и танцевать со мной. Я в отчаянии, но я остерегаюсь нарушить запрещение тетки и дядюшек. Так происходило это трогательное приключение, которое, конечно, составит вам обо мне хорошенькое мнение! Впрочем, женщины прощают всегда зло, которое причиняется женщине (афоризм Ларошфуко). Теперь я не пишу романов, — я их делаю.

Виссарион Григорьевич Белинский. *Из письма В. П. Боткину 16–21 апреля 1840 г.:*
Женщин ругает: одних за то, что бляди, других за то, что не бляди. Пока для него женщина и блядь — одно и то же. Мужчин он также презирает, но любит одних женщин и в жизни только их и видит. Взгляд чисто онегинский.

родные и близкие

Предки

Лермонтовы

Павел Александрович Висковатов:

Фамилия шотландских предков нашего героя сохранилась и до сих пор в Шотландии, в графстве Эдинбург, где живут Лермонты в поместье Дин (Dean). По шотландским преданиям, фамилия Лермонтов восходит к XI веку. В это время Лермонты или уже находились в Шотландии, или, вернее, пришли туда из Англии вместе с королем Малькольмом. Малькольм, как гласят древние хроники, бежал в Англию, когда отец его, Дункан, был умерщвлен Макбетом. Там он собрал вокруг себя бежавших из Шотландии танов и, получив помощь от английского короля Эдварда, двинулся против узурпатора. Победив Макбета, павшего в сражении от руки Макдуффа, Малькольм в 1061 г. короновался в Скане, а затем созвал парламент в Форфере. Около Форферы находился холм, именуемый «Сапожным холмом» (Boot-hill). По преданию, холм этот составился вследствие обычая, по которому вассалы, в знак подданства, приносили своему ленному владельцу сапог земли из своих поместьев. Здесь-то Малькольм возвратил приверженцам своим земли, отнятые от них Макбетом, а пришлецов из Франции, Англии и других стран, присоединившихся к нему, одарил владениями. Он возводил их в графское, баронское или рыцарское достоинство, и многие стали затем именоваться по имени полученных поместий. Таким образом тогда появилось много новых шотландских фамилий. Между одаренными приверженцами Малькольма упоминается и *Лермонт*. Лермонт получил поместье Рэрси (Rairsie), и ныне находящееся в графстве Файф в Шотландии, но уже не в руках фамилии Лермонтов. Шекспир в известной своей трагедии воспользовался, почти дословно, рассказом хроники, и предок нашего поэта легко бы мог попасть в число называемых драматургом шотландских фамилий, назови Шекспир еще двух-трех танов.

Другой известный английский писатель, Вальтер Скотт, написал балладу в трех частях «Певец Фома» («Thomas the Rhymer»), в коем изображается один из предков Михаила Юрьевича, шотландский бард Лермонт. Этот Фома Лермонт жил в замке своем, развалины коего и теперь еще живописно расположены на берегах Твида, в нескольких милях от слияния его с Лидером. Развалины эти носят еще название башни Лермонта (Learmonth Tower). Недалеко от этого поэтического места провел Вальтер Скотт детство свое и здесь построил себе замок, знаменитый Аббатсфорт. В окрестностях еще жили предания о старом барде, гласившие, что Фома Эрсильдаун, по фамилии Лермонт, в юности был унесен в страну фей, где и приобрел дар ведения и песен, столь прославивших его впоследствии. После семилетнего пребывания у фей

Фома возвратился на родину и там изумлял своих соотечественников даром прорицания и песен. За ним осталось название певца и пророка. Фома предсказал шотландскому королю Александру III смерть накануне события, стоившего ему жизни. Верхом на лошади король чересчур близко подъехал к пропасти и сброшен был испуганным конем на острые скалы.

В поэтической форме изложил Фома предсказания будущих исторических событий Шотландии. Пророчества его ценились высоко, и еще в 1615 году были они изданы в Эдинбурге. Большою известностью пользовался он и как поэт. Ему приписывается роман «Тристан и Изольда», и народное предание утверждает, что по прошествии известного времени царица фей потребовала возврата к себе высокочтимого барда, и, дав прощальное пиршество, покинул он свой замок — Эрсильдаун. <...>

Шотландская фамилия Лермонтов считает Фому Лермонта одним из своих предков, но точных сведений о дальнейшей судьбе всех членов рода в Шотландии нет, что и понятно: при тех страшных смутах, которые переживала не раз Шотландия, трудно проследить историю отдельной фамилии. Зато у нас на Руси сохранились верные данные о той отрасли Лермонтов, которая прибыла к нам из Шотландии. Историческое значение предания о связи фамилии Лермонтов с испанским герцогом Лермой сомнительно.

В XVII веке, во время смут в Шотландии, один из Лермонтов покинул страну. По дошедшим до нас данным, это был Юрий (Георгий) Андреевич Лермонт, основатель русской отрасли Лермонтовых. Выехал он из Шкотской земли сначала в Польшу, оттуда на Белую (город Смоленской губернии) и потом уже прибыл в Москву еще до 1621 года, потому что уже в этом году царь Михаил Федорович дарит его 8-ю деревнями и пустошами в Галицком уезде, в Заблоцкой волости. По указу царя, Лермонту было велено обучать «рейтарскому строю новокрещенных немцев старого и нового выезда, равно и татар».

Юрий Андреевич именуется поручиком (или ротмистром), и уговор с ним был заключен боярином Иваном Борисовичем Черкасским.

У Юрия Андреевича было три сына: Вилим (Вильям), Петр и Андрей. Только средний оставил потомство. Этот Петр Юрьевич был в 1656 году, указом царя Алексея Михайловича, сделан воеводою Саранска, да велено было ведать «по черте» иные города и пригородки. У него опять был сын Евтихий или Юрий, что одно и то же. Во-первых, на Руси двойственность имени не была редкостью, а во-вторых, дети Евтихия называются в родословной Юрьевичами. Этот Евтихий или *Юрий* был в 1679 году царем Федором Алексеевичем пожалован стряпчим, а в 1682 году стольником и эту должность исправлял еще в 1692 и 1703 годах. Затем мало-помалу род захудал, хотя иногда мы встречаемся с представителями этой фамилии в различных исторических актах. Замечательно, что старшие сыновья всегда назывались по деду, так что мы постоянно встречаем то Петра Юрьевича, то Юрия Петровича. Поэт наш был последним представителем старшей линии и происходил от Лермонта, «выходца из Шкотской земли», в восьмом колене. По традициям семьи, он должен бы называться по отцу — Петром, но бабушка Арсеньева настояла на том, чтоб его назвали Михаилом — по деду с материнской стороны.

Фамилия Лермонтова должна официально писаться через «а» — потому, что так записана эта фамилия в актах и гербовнике. Правильно же писать через «о», как пишется шотландская ветвь. Если родоначальника русских Лермонтовых, шотландца Лермонта, в древних актах пишут через «а», то это можно объяснить московским аканьем, тем более что в имени Лермонтова имеется ударение на первом слоге. Поэт наш писал имя свое сначала через «а» и уже после стал писать на «о» — Лермонтов, — и подписывался он так главным образом в печати, под своими сочинениями. И затем к концу 30 годов стал писать через «о» и в письмах, к тем же лицам адресованным, с коими прежде писал через «а».

Столыпины

Павел Александрович Висковатов:
Елизавета Алексеевна (бабушка Лермонтова. — *Сост.*), урожденная Столыпина, была дочь богатого помещика Алексея Емельяновича Столыпина, давшего многочисленному своему семейству отличное воспитание. Многие из членов этой семьи представляли собою людей с недюжинными характерами, самостоятельных и даровитых. Сперанский был с ними в самых приязненных отношениях, и они поддерживали дружбу с ним даже и во время его опалы, когда многие боялись иметь к нему какое-либо отношение.

Сам Алексей Емельянович был человек бывалый, упрочивший состояние свое винными откупами, учрежденными при Екатерине II. Собутыльник гр. Алексея Орлова, Алексей Емельянович усвоил себе и повадки, и вкусы его. Он был охотник до кулачных боев и разных потех, но всему предпочитал театр, который в симбирской его вотчине был доведен до возможного совершенства и, перевозимый хлебосольным хозяином в Москву, возбуждал общее удивление. Актерами были крепостные люди, но появлялись на сцене порою и домочадцы, и гости.

Дочери Алексея Емельяновича, девицы крепкого сложения, рослые и решительные, повыходили замуж уже в почтенном возрасте.

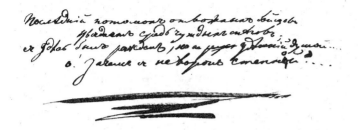

Бабушка
Елизавета Алексеевна
Арсеньева

Корнилий Александрович Бороздин:

Арсеньева, несмотря на свои шестьдесят лет, была очень бодрая еще старуха <...>. Высокая, полная, с крупными чертами лица, как все Столыпины, она располагала к себе своими добрыми и умными голубыми глазами и была прекрасным типом, как говорилось в старину, степенной барыни.

Моисей Егорович Меликов:

Е. А. Арсеньева была женщина деспотического, непреклонного характера, привыкшая повелевать; она отличалась замечательной красотой, происходила из старинного дворянского рода и представляла из себя типичную личность помещицы старого закала, любившей при том высказывать всякому в лицо правду, хотя бы самую горькую.

Петр Кириллович Шугаев (1855–1917), *пензенский помещик, краевед:*

Хотя Елизавета Алексеевна и была сурова и строга на вид, но самым высшим у нее наказанием было для мужчин обритие половины головы бритвой,

3 Лермонтов без глянца

а для женщин отрезание косы ножницами, что практиковалось не особенно часто, а к розгам она прибегала лишь в самых исключительных случаях.

Павел Александрович Висковатов:

По рассказам знавших ее в преклонных летах, Елизавета Алексеевна была среднего роста, стройна, со строгими, решительными, но весьма симпатичными чертами лица. Важная осанка, спокойная, умная, неторопливая речь подчиняли ей общество и лиц, которым приходилось с нею сталкиваться. Она держалась прямо и ходила, слегка опираясь на трость, всем говорила «ты» и никогда никому не стеснялась высказать, что считала справедливым. Прямой, решительный характер ее в более молодые годы носил на себе печать повелительности и, может быть, отчасти деспотизма, что видно из отношений ее к мужу дочери, к отцу нашего поэта. С годами, под бременем утрат и испытаний, эти черты сгладились, — мягкость и теплота чувств осилили их, — хотя строгий и повелительный вид бабушки молодого Михаила Юрьевича доставил ей имя Марфы Посадницы среди молодежи, товарищей его по Юнкерской школе. В обширном круге ее родства и свойства именовали ее просто «бабушка». <...> Елизавета Алексеевна, бабка Лермонтова, сочеталась браком с гвардии поручиком Михаилом Васильевичем Арсеньевым, который был моложе ее лет на восемь.

Арсеньев был членом большой семьи, владевшей селом Васильевским в Тульской губернии, Ефремовского уезда. Женившись, Михаил Васильевич переехал с женой в имение Тарханы, Пензенской губернии, Чембарского уезда. В Васильевском оставались жить родные сестры его, девицы Варвара и Марья Васильевны, вдовая Дарья Васильевна да четыре его брата. Бывая в Москве и перекочевывая из нее в Пензенскую губернию, Арсеньевы подолгу гостили у них в Васильевском. От брака этого была всего одна дочь, Марья Михайловна. Отец ее, по рассказам, умер неожиданно и при необыкновенных обстоятельствах.

Хотя старушка Арсеньева впоследствии охотно говорила о счастливом своем супружестве, но в действительности сравнительно молодой муж чувствовал себя, кажется, не вполне счастливым с властолюбивою женой. Он увлекся соседкой помещицей, княгиней или даже княжной, Ман<сыре>вой. Елизавета Алексеевна воспылала ревностью к своей счастливой сопернице и похитительнице ее прав. Между женою и мужем произошла бурная сцена. Елизавета Алексеевна решила, что нога соперницы ее не будет в Тарханах. Между тем, как раз к вечеру 1-го января охотники до театральных представлений Арсеньевы готовили вечер с маскарадами, танцами и театральным представлением *новой* пьесы — шекспировского «Гамлета» в переводе Висковатова. Гости начали съезжаться рано. Михаил Васильевич постоянно выбегал на крыльцо, прислушиваясь к знакомым бубенчикам экипажа возлюбленной им княжны. Полная негодования Елизавета Алексеевна следила за своим мужем, с которым она уже несколько дней не перекидывалась словом. Впоследствии оказалось, что она предусмотрительно послала навстречу княжне доверенных людей с какою-то энергическою угрозою. Княжна не доехала до Тархан и вернулась обратно. Небольшая записка ее известила о случившемся Михаила Васильевича. Что было в этой записке? Что вообще происходило между Арсеньевым и женой?.. Дело кончилось трагически. Пьеса разыгрывалась господами, некоторые роли исполнялись актерами из крепостных. Сам Арсеньев вышел в роли могильщика в V действии. Исполнив ее, Михаил Васильевич ушел в гардеробную, где ему и была передана записка княжны. Пришедшие затем гости нашли его отравившимся. В руках он судорожно сжимал полученное извещение.

Аким Павлович Шан-Гирей:
Бабушка сама была очень печальна, ходила всегда в черном платье и белом старинном чепчике без лент, но была ласкова и добра, и любила, чтобы дети играли и веселились, и нам было у нее очень весело.

Михаил Николаевич Лонгинов (1823–1875), *историк литературы, библиограф, мемуарист, дальний родственник Лермонтова:*
Она была женщина чрезвычайно замечательная по уму и любезности. Я знал ее лично и часто видал у матушки, которой она по мужу была родня. Не знаю почти никого, кто бы пользовался таким общим уважением и любовью, как Елизавета Алексеевна. Что это была за веселость, что за снисходительность! Даже молодежь с ней не скучала, несмотря на ее преклонные лета. Как теперь, смотрю на ее высокую, прямую фигуру, опирающуюся слегка на трость, и слышу ее неторопливую, внятную речь, в которой заключалось всегда что-нибудь занимательное. У нас в семействе ее все называли бабушкой, и так же называли ее во всем многочисленном ее родстве. К ней относится следующий куплет в стихотворении гр. Ростопчиной «На дорогу М. Ю. Лермонтову», написанном в 1841 году, по случаю последнего отъезда его из Петербурга и напечатанном в «Русской беседе» Смирдина, т. II. После исчисления лишений и опасностей, которым подвергается отъезжающий на Кавказ поэт, в стихотворении этом сказано:

Но есть заступница родная,
С заслугою преклонных лет:
Она ему конец всех бед
У неба вымолит, рыдая.

К несчастию, предсказание не сбылось. Когда эти стихи были напечатаны, Лермонтова уже полгода не было на свете.

Павел Александрович Висковатов:

Другой современник и близкий родственник Лермонтова рассказывал мне, что бабушка так дрожала над внуком, что всегда, когда он выходил из дому, крестила его и читала над ним молитву. Он, уже офицером, бывало, спешит на ученье или парад, по службе, торопится, но бабушка его задерживает и произносит обычное благословение, и так, бывало, по нескольку раз в день...

Александр Францевич Тиран:

Выступаем мы, бывало: эскадрон выстроен; подъезжает карета старая, бренчащая, на тощих лошадях; из нее выглядывает старушка и крестит нас. «Лермонтов, Лермонтов! — бабушка». Лермонтов подскачет, закатит ланцады (крутой и высокий прыжок верховой лошади, от *франц.* lançade. — *Сост.*) две-три, испугает бабушку и, довольный собою, подъезжает к самой карете. Старушка со страху спрячется, потом снова выглянет и перекрестит своего Мишу. Он любил свою бабушку, уважал ее — и мы никогда не оскорбляли его замечаниями про тощих лошадей. Замечательно, что никто не слышал от него ничего про его отца и мать.

Александр Матвеевич Меринский:

Все юнкера, его товарищи, знали ее, все ее уважали и любили. Во всех она принимала участие, и многие из нас часто бывали обязаны ее ловкому ходатайству перед строгим начальством. Живя каждое лето в Петергофе, близ кадетского лагеря, в котором в это время обыкновенно стояли юнкера, она особенно бывала в страхе за своего внука, когда эскадрон наш отправлялся на конные ученья. Мы должны были проходить мимо ее дачи, и всегда видели, как почтенная старушка, стоя у окна, издали крестила своего внука и продолжала крестить всех нас, пока длинною вереницею не пройдет перед ее домом весь эскадрон и не скроется из виду.

Алексей Зиновьевич Зиновьев (1801–1884), *преподаватель русского и латинского языков в Московском университетском Благородном пансионе (1822–1830), переводчик, автор трудов по педагогике, теории словесности и по римским древностям; репетитор и преподаватель Лермонтова:*

В доме Елизаветы Алексеевны все было рассчитано для пользы и удовольствия ее внука. Круг ее ограничивался преимущественно одними родственниками, и если в день именин или рождения Миши собиралось веселое общество, то хозяйка хранила грустную задумчивость и любила говорить лишь о своем Мише, радовалась лишь его успехами. <...> Лермонтов всегда был благодарен своей бабушке за ее заботливость, и Елизавета Алексеевна ничего не жалела.

Елизавета Алексеевна Арсеньева (1773–1845). *Из письма П. А. Крюковой 17 января 1836 г.:*
Нет ничего хуже, как пристрастная любовь, но я себя извиняю: он один свет очей моих, все мое блаженство в нем, нрав его и свойства совершенно Михаила Васильича (дед Лермонтова. — *Сост.*), дай боже, чтоб добродетель и ум его был.

Петр Кириллович Шугаев:

Когда в Тарханах стало известно о несчастном исходе дуэли Михаила Юрьевича с Мартыновым, то по всему селу был неподдельный плач. Бабушке сообщили, что он умер; с ней сделался припадок, и она была несколько часов без памяти, после чего долгое время страдала бессонницей, для чего приглашались по ночам дворовые девушки, на переменках, для сказывания ей сказок, что продолжалось более полугода. Тот образ Спаса Нерукотворенного, коим когда-то Елизавета Алексеевна была благословлена еще ее дедом, которому она ежедневно молилась о здравии Мишеньки, когда она узнала о его смерти, она приказала отнести в большую каменную церковь, произнеся при этом: «И я ли не молилась о здравии Мишеньки этому образу, а он все-таки его не спас». В большой каменной церкви этот образ сохранился и поныне; ему, говорят, самое меньшее лет триста.

Родители

Павел Александрович Висковатов:

От брака с Арсеньевым у Елизаветы Алексеевны была всего одна дочь, Марья Михайловна. Во время трагической смерти отца ей было лет 15. Мать страстно любила дочь свою, и, кажется, эта беззаветная привязанность вызвала охлаждение к мужу. Однако со смертью его проснулись воспоминания первых счастливых лет супружества, и Елизавета Алексеевна старалась устроить жизнь свою в прежних рамках. Как при муже, она каждый год проводила несколько месяцев в Москве, куда езжали из пензенского имения на долгих, посещая и останавливаясь на пути у родных и знакомых помещиков. Возвращаясь однажды из Москвы, мать с дочерью заехали в Васильевское, к Арсеньевым, да и загостились у них. С Арсеньевыми находилась в большой дружбе семья Лермонтовых, жившая по соседству в имении своем Кроптовке. Она состояла из пяти сестер и брата Юрия Петровича, который был воспитан в 1-м кадетском корпусе, в Петербурге, а потом служил в нем и вышел в отставку по болезни в 1811 году с чином капитана. Таким образом была прервана довольно успешная карьера 24-летнего офицера.

Объясняется отставка, кажется, необходимостью приехать в имение и заняться хозяйством, с которым сестры не могли справиться.

Красивый молодой человек с блестящими столичными приемами произвел на Марью Михайловну сильное впечатление. Женское население Кроптовки и Васильевского жарко принялось за дело, и, к радости или к неудовольствию Елизаветы Алексеевны, молодые люди были помолвлены, и Марья Михайловна приехала с матерью в Тарханы объявленною невестой.

Родня Арсеньевой, кажется, не очень сочувственно отнеслась к проектированному браку и недоброжелательно глядела на бедного капитана, принадлежавшего не к родовитому их кругу. Венчание происходило в Тарханах, с обычною торжественностью, при большом съезде гостей. Вся дворня была одета в новые платья. Среди гостей находились сестра Юрия Петровича и мать его Анна Васильевна. <...>

Если сопоставить немногосложные известия о Юрии Петровиче, то это был человек добрый, мягкий, но вспыльчивый, самодур, и эта вспыльчивость, при легко воспламенявшейся натуре, могла доводить его до суровости и подавала повод к весьма грубым и диким проявлениям, несовместным даже с условиями порядочности. Следовавшие затем раскаяние и сожаление о случившемся не всегда были в состоянии выкупать совершившегося, но, конечно, могли возбуждать глубокое сожаление к Юрию Петровичу, а такое сожаление всегда близко к симпатии.

Немногие, помнящие Юрия Петровича, называют его красавцем, блондином, сильно нравившимся женщинам, привлекательным в обществе, веселым собеседником, «bon vivant»*, как называет

---

* Кутила, весельчак (*франц.*).

его воспитатель Лермонтова, г-н Зиновьев. Крепостной люд называл его «добрым, даже очень добрым барином».

Петр Кириллович Шугаев:

Отец поэта, Юрий Петрович Лермонтов, был среднего роста, редкий красавец и прекрасно сложен; в общем, его можно назвать в полном смысле слова изящным мужчиной; он был добр, но ужасно вспыльчив; супруга его, Марья Михайловна, была точная копия своей матери, кроме здоровья, которым не была так наделена, как ее мать, и замуж выходила за Юрия Петровича, когда ей было не более семнадцати лет. Хотя Марья Михайловна и не была красавицей, но зато на ее стороне были молодость и богатство, которым располагала ее мать, почему для Юрия Петровича Марья Михайловна представлялась завидной партией, но для Марьи Михайловны было достаточно и того, что Юрий Петрович был редкий красавец и вполне светский и современный человек. Однако судьба решила иначе, и счастливой жизнью им пришлось не долго наслаждаться, Юрий Петрович охладел к жене по той же причине, как и его тесть к теще; вследствие этого Юрий Петрович завел интимные сношения с бонной своего сына, молоденькой немкой, Сесильей Федоровной, и кроме того, с дворовыми.

Бывшая при рождении Михаила Юрьевича акушерка тотчас же сказала, что этот мальчик не умрет своей смертью, и так или иначе ее предсказание сбылось; но каким соображением она руководствовалась — осталось неизвестно. После появления на свет Михаила Юрьевича поселена новая деревня, в 7 верстах на ю.-в. от Тархан и названа его именем «Михайловскою». Отношения Юрия Петровича к Сесилии Федоровне не могли ускользнуть от зоркого ока любящей жены, и даже был случай, что Марья Михайловна застала Юрия Петровича в объятиях с Сесилией, что возбудило в Марье Михайловне страшную, но скрытую ревность, а тещу привело в негодование. Буря разразилась после поездки Юрия Петровича с Марьей Михайловной в гости к соседям Головниным, в село Кошкарево, отстоящее в 5 верстах от Тархан; едучи оттуда в карете обратно в Тарханы, Марья Михайловна стала упрекать своего мужа в измене; тогда пылкий и раздражительный Юрий Петрович был выведен из себя этими упреками и ударил Марью Михайловну весьма сильно кулаком по лицу, что и послужило впоследствии поводом к тому невыносимому положению, какое установилось в семье Лермонтовых. С этого времени с невероятной быстротой развивалась болезнь Марьи Михайловны, впоследствии перешедшая в злейшую чахотку, которая и свела ее преждевременно в могилу.

Павел Александрович Висковатов:
Марья Михайловна, родившаяся ребенком слабым и болезненным, и взрослою все еще глядела хрупким, нервным созданием. Передряги с мужем, конечно, не были такого свойства, чтобы благотворно действовать на ее организм. Она стала хворать. В Тарханах долго помнили, как тихая, бледная барыня, сопровождаемая мальчиком-слугою, носившим за нею лекарственные снадобья, переходила от одного крестьянского двора к другому с утешением и помощью, — помнили, как возилась она и с болезненным сыном. И любовь, и горе выплакала она над его головой. Марья Михайловна была одарена душою музыкальною. Посадив ребенка своего себе на колени, она заигрывалась на фортепиано, а он, прильнув к ней головкой, сидел неподвижно, звуки как бы потрясали его младенческую душу, и слезы катились по его личику. Мать передала ему необычайную нервность свою.

Наконец злая чахотка, давно стоявшая настороже, охватила слабую грудь молодой женщины. Пока она еще держалась на ногах, люди видели ее бродящею по комнатам господского дома с заложенными назад руками. Трудно бывало ей напевать обычную песню над колыбелью Миши. Постучалась весна в дверь природы, а смерть — к Марье Михайловне, и она слегла. Муж в это время был в Москве. Ему дали знать, и он прибыл с доктором накануне рокового дня. Спасти больную нельзя было. Она скончалась на другой день по приезде мужа. Ее схоронили возле отца, и на поставленном матерью мраморном памятнике еще и теперь читается надпись:

ПОД КАМНЕМ СИМ ЛЕЖИТ ТЕЛО
МАРИИ МИХАЙЛОВНЫ
ЛЕРМОНТОВОЙ,
УРОЖДЕННОЙ АРСЕНЬЕВОЙ,
скончавшейся 1817 года, февраля 24 дня, в субботу.
Житие ей было 21 год, 11 месяцев и 7 дней.

<...> Память о матери глубоко запала в чуткую душу мальчика: как сквозь сон, грезилась она ему, слышался милый ее голос. <...>
Альбом матери он всегда возил с собою и еще 11-летним мальчиком на Кавказе вносил в него свои рисунки. Неразлучен с ним был и дневник матери.

Двоюродный дядя Алексей Аркадьевич Столыпин (Монго)

Александр Матвеевич Меринский:

«Монго» — тоже школьное прозвище, данное Алексею Аркадьевичу Столыпину, юнкеру лейб-гвардии Гусарского полка. Столыпин был очень красив собой и очень симпатичен. Название «Монго» взято было также из какого-то французского романа, в то время бывшего в большом ходу, один из героев которого носил это имя.

Михаил Николаевич Лонгинов:

Алексей Столыпин вышел в офицеры лейб-гусарского полка из юнкерской школы в 1835 году. В 1837 году ездил охотником на Кавказ, где храбро сражался. В конце 1839 года, будучи поручиком, вышел в отставку. В начале 1840 года поступил на службу на Кавказ капитаном Нижсгородского драгунского полка. В 1842 году вышел опять в отставку. В последнюю войну он, несмотря на немолодые уже лета, вступил на службу ротмистром в белорусский гусарский полк и храбро дрался под Севастополем, а по окончании войны вышел в отставку и скончался несколько лет тому назад. Это был совершеннейший красавец; красота его, мужественная и вместе с тем отличавшаяся какою-то нежностью, была бы названа у французов «proverbiale»*. Он был одинаково хорош и в лихом гусарском ментике, и под барашковым кивером нижегородского драгуна, и, наконец, в одеянии современного льва, которым был вполне, но в самом лучшем значении этого слова. Изумительная по красоте внешняя оболочка была достойна его души и сердца. Назвать «Монгу-Столыпина» значит для людей нашего времени то же, что выразить понятие о воплощенной чести, образце благородства, безграничной доброте, великодушии и беззаветной готовности на услугу словом и делом. Его не избаловали блистательнейшие из светских успехов, и он умер уже не молодым, но тем же добрым, всеми любимым «Монго», и никто из львов не возненавидел его, несмотря на опасность его соперничества. Вымолвить о нем худое слово не могло бы никому прийти в голову и принято было бы за нечто чудовищное. Столыпин отлично ездил верхом, стрелял из пистолета и был офицер отличной храбрости.

Прозвище «Монго», помнится, дано было Столыпину от клички, памятной современникам в Царском Селе, собаки, принадлежавшей ему. Собака эта, между прочим, прибегала постоянно на плац, где происходило гусарское ученье, лаяла, хватала за хвост лошадь полкового командира М. Г. Хомутова и иногда даже способствовала тому, что он скоро оканчивал скучное для молодежи ученье.

В 1839–1840 годах Лермонтов и Столыпин, служившие тогда в лейб-гусарах, жили вместе в Царском Селе, на углу Большой и Манежной улиц. Тут более всего собирались гусарские офицеры, на корпус которых они имели большое влияние.

_____

* Легендарная (*франц.*).

жизнь и судьба

Тарханы

Петр Кириллович Шугаев:

Село Тарханы лежит на восток от Чембара в четырнадцати верстах и полуверсте от почтовой дороги, идущей на станцию Воейково, Сызрано-Вяземской жел. дор., и Пензу. Расположено оно по обеим сторонам небольшой долины у истока небольшой речки Маралайки; основано в начале XVIII столетия г-ном Нарышкиным, крепостными крестьянами, выведенными им из московских и владимирских вотчин как бы в ссылку, отборными ворами, отчаянными головорезами, а также и закоснелыми до фанатизма раскольниками. Крестьяне здесь и до сих пор сохранили подмосковное наречие на *о*. Село в конце XVIII века было продано Нарышкиным за неплатеж оброка и вообще бездоходность его, а также и потому, что вся барская усадьба (в которой хотя владелец сам никогда и не был) на месте нынешней большой каменной церкви и все село сгорело вследствие того, что повар с лакеем бывшего нарышкинского управляющего вздумали палить живого голубя, который у них вырвался и полетел в свое гнездо, находившееся в соломенной крыше. Гнездо загорелось. Сгорело и все село до основания, кроме

81

маленькой деревянной церкви, которая до 1835 года стояла на своем первоначальном месте, среди села на том самом месте, где в настоящее время стоит часовня с фамильным склепом Арсеньевых. Этот управляющий Злыкин был также в Тарханах во время нашествия одного из отрядов Емельяна Пугачева, командир которого опрашивал крестьян, нет ли каких у кого жалоб на управляющего, но предусмотрительный Злыкин, еще до прибытия отряда Пугачева, сумел ублаготворить всех недовольных, предварительно раздавши весь почти барский хлеб, почему и не был повешен. Село Тарханы куплено Михаилом Васильевичем Арсеньевым в бытность его еще в Москве и притом вскоре после его свадьбы с Елизаветой Алексеевной за совершенный бесценок. После свадьбы «молодые» тотчас же переехали на постоянное жительство в село Тарханы, где для развлечения Арсеньев устраивал разные удовольствия, выписал из Москвы маленького карлика, менее одного аршина ростом, более похожего на куклу, нежели на человека. Он, будучи в Тарханах в течение двух-трех месяцев, имел обыкновение спать на окне и был предметом любопытства не только Арсеньевой, но и всех соседей помещиков, не исключая крепостных. <...>

Большая каменная церковь во имя Михаила Архангела, празднуемого 8 ноября, то есть святого, имя которого носил Михаил Юрьевич, сохранилась и поныне. Построена на средства Елизаветы Алексеевны Арсеньевой в конце тридцатых годов XIX века и освящена оригинальным образом: так, было приурочено, что в день ее освящения было окрещено три младенца, обвенчано три свадьбы и схоронено три покойника. В этой-то церкви и имеется тот образ Спаса Нерукотворенного, возле клироса на правой стороне, в вышину и ширину немного менее одного аршина, замечательной древней живописи и в не менее оригинальной и замечательной серебряной ризе, внизу которого золотыми буквами значится надпись на древнегреческом языке, в переводе означающая: «Святой с нами Бог».

В алтаре, на правой стороне, имеется образ Василия Великого замечательно древней художественной работы, но без ризы, прежде принадлежавший, как мне передавали, еще отцу Михаила Васильевича Арсеньева, также пожертвованный Елизаветой Алексеевной Арсеньевой. Около левого клироса есть образ апостола Андрея Первозванного, без ризы, весьма древней и замечательной живописи, тоже пожертвованный Елизаветой Алексеевной.

Маленькая каменная церковь, отстоящая в десяти саженях от барского дома на северо-запад, в саду, построена в 1817 году на месте бывшего барского дома, в котором скончались Михаил Васильевич Арсеньев и его дочь Марья Михайловна, после смерти которой Елизавета Алексеевна этот дом продала на слом и снес в село Владыкино (А. Н. Щетинину, ныне умершему), а на его месте выстроила вышеозначенную церковь. Дом в селе Владыкине сохранился. В этой церкви есть также замечательные иконы, писанные итальянскими художниками.

Дом же Елизавета Алексеевна немедленно построила новый, отступя десять саженей на восток от церкви; этот дом сохранился и по сие время: все в том же виде, как и восемьдесят лет назад. Из дома, несмотря на такое ничтожное расстояние, Елизавету Алексеевну почти всегда возили вместо лошадей, которых она боялась, крепостные лакеи на двухколейке, наподобие тачки, и возивший ее долгое время крепостной Ефим Яковлев нередко вынимал чеку из оси, последствием чего было то, что Елизавета Алексеевна нередко падала на землю, но это Ефим Яковлев делал с целью из мести за то, что

Елизавета Алексеевна в дни его молодости не позволила ему жениться на любимой им девушке, а взамен этого была сама к нему неравнодушна. Он не был наказуем за свои дерзкие поступки, что крайне удивляло всех обывателей села Тархан.

Маленькая кладбищенская церковь, деревянная и вместе с тем самая старейшая, была построена Нарышкиным еще в начале XVIII века и стояла среди села, на площади, до 1835 года, на том самом месте, где в настоящее время стоит часовня, где находится фамильный склеп Арсеньевых. В склепе этом схоронены Михаил Васильевич Арсеньев, над гробом которого стоит памятник из светло-серого гранита, в виде небольшой колонны с следующей надписью: «М. В. Арсеньев скончался 2-го января 1810 года, родился 1768 года, 8 ноября».

Над гробом Марьи Михайловны стоит почти одинаковый памятник, как и над отцом, и совершенно рядом с ним с следующей надписью: «Под камнем сим лежит тело Марьи Михайловны Лермонтовой, урожденной Арсеньевой, скончавшейся 1817 года февраля 24 дня, в субботу; житие ее было 21 год и 11 месяцев и 7 дней».

Несколько впереди этих двух памятников, то есть ближе к двери, в часовне стоит из прекрасного, черного как уголь мрамора и гораздо большего размера памятник в виде четырехсторонней колонны над гробом Михаила Юрьевича, с одной стороны которого бронзовый небольшой лавровый венок и следующая надпись: «Михайло Юрьевич Лермонтов»; с другой: «Родился 1814 г. 3-го октября», а с третьей: «Скончался 1841 года июля 15».

Все эти три памятника окружены невысокой железной решеткой. На стене, с левой стороны, в часовне прибита доска из белого мрамора с следующей надписью: «Елизавета Алексеевна Арсеньева скончалась 16 ноября 1845 г. 85 лет».

Детство и отрочество

Михаил Юрьевич Лермонтов:

Когда я был трех лет, то была песня, от которой я плакал: ее не могу теперь вспомнить, но уверен, что если б услыхал ее, она бы произвела прежнее действие. Ее певала мне покойная мать.

Павел Александрович Висковатов:

Рожденный от слабой матери, ребенок был не из крепких. Если случалось ему занемогать, то в «деловой» дворовые девушки освобождались от работ и им приказывалось молиться Богу об исцелении молодого барина.

Приставленная со дня рождения к Мише бонна немка Христина Осиповна Ремер и теперь оставалась при нем неотлучно. Это была женщина строгих правил, религиозная. Она внушала своему питомцу чувство любви к ближним, даже и к тем, которые по положению находились от него в крепостной зависимости. Избави Бог, если кого-нибудь из дворовых он обзовет грубым словом или оскорбит. Не любила этого Христина Осиповна, стыдила ребенка, заставляла его просить прощения у обиженного.

Вся дворня высоко чтила эту женщину, для мальчика же ее влияние было благодетельно. Всеобщее баловство и любовь делали из него баловня, в котором, несмотря на прирожденную доброту, развивался дух своеволия и упрямства, легко при недосмотре переходящий в детях в жестокость.

Елизавета Алексеевна так любила своего внука, что для него не жалела ничего, ни в чем ему не отказывала. Все ходило кругом да около Миши. Все должны были угождать ему, забавлять его. Зимою устраивалась гора, на ней катали Михаила Юрьевича, и вся дворня, собравшись, потешала его. Святками каждый вечер приходили в барские покои ряженые из дворовых, плясали, пели, играли, кто во что горазд. При каждом появлении нового лица Михаил Юрьевич бежал к Елизавете Алексеевне в смежную комнату и говорил: «Бабушка, вот еще один такой пришел!» — и ребенок делал ему посильное описание. Все, которые рядились и потешали Михаила Юрьевича, на время святок освобождались от урочной работы. Праздники встречались с большими приготовлениями, по старинному обычаю. К Пасхе заготовлялись крашеные яйца в громадном количестве. Начиная с светлого воскресенья зал наполнялся девушками, приходившими катать яйца. Михаил Юрьевич все проигрывал, но лишь только удавалось выиграть яйцо, то с большою радостью бежал к Елизавете Алексеевне и кричал:

— Бабушка, я выиграл!

— Ну, слава богу, — отвечала Елизавета Алексеевна. — Бери корзинку яиц и играй еще.

«Уж так веселились, — рассказывают тархановские старушки, — так играли, что и передать нельзя. Как только она, царство ей небесное, Елизавета Алексеевна-то, шум такой выносила!

А летом опять свои удовольствия. На троицу и семик ходили в лес со всею дворней, и Михаил Юрьевич впереди всех. Поварам работы было страсть — на всех закуску готовили, всем угощение было».

Бабушка в это время сидела у окна гостиной комнаты и глядела на дорогу в лес и длинную просеку, по которой шел ее баловень, окруженный девушками. Уста ее шептали молитву. С нежнейшего возраста бабушка следила за играми внука. Ее поражала ранняя любовь его к созвучиям речи. «Едва лепетавший ребенок с удовольствием повторял слова в рифму: «пол — стол» или «кошка — окошко», <они> ему ужасно нравились, и, улыбаясь, он приходил к бабушке поделиться своею радостью.

Пол в комнате маленького Лермонтова был покрыт сукном. Величайшим удовольствием мальчика было ползать по нем и чертить мелом. <...> Окруженный заботами и ласками, мальчик рос баловнем среди женского элемента. Фантазия его рано была возбуждена. Если ему и не пришлось слышать русских народных сказок, о чем он так сожалел позднее, находя, что «в них больше поэзии, чем во всей французской словесности», то все же голова ребенка полна была образов романтического мира. Тогдашнее романтическое направление немецкой литературы уже давало себя знать, и немудрено, что его «мамушка», как он называл свою бонну-немку, немало передала ему рассказов, которые наполнили собою юную головку.

Михаил Юрьевич Лермонтов:

Я помню один сон; когда я был еще восьми лет, он сильно подействовал на мою душу. В те же лета я один раз ехал в грозу, куда-то; и помню облако, которое небольшое, как бы оторванный клочок черного плаща, быстро неслось по небу: это так живо передо мною, как будто вижу.

Когда я еще мал был, я любил смотреть на луну, на разновидные облака, которые в виде рыцарей с шлемами теснились будто вокруг нее; будто рыцари, сопровождающие Армиду в ее замок, полные ревности и беспокойства.

Павел Александрович Висковатов:

Когда Михаил Юрьевич подрос и вступил в отроческий возраст, — рассказывают старожилы села Тарханы, — были ему набраны однолетки из дворовых мальчиков, обмундированы в военное платье, и делал им Михаил Юрьевич учение, играл в воинские игры, в войну, в разбойников. Товарищами были ему также родственники, жившие по соседству с Тарханами, в имении Апалихе, принадлежавшем племяннице Арсеньевой, Марье Акимовне Шан-Гирей. У нее были дети: дочь Екатерина и три сына, старший из коих, Аким Павлович, воспитывался с Мишей и всю жизнь оставался с ним в дружеских отношениях. Близость места жительства ежедневно сводила детей, учившихся у одних и тех же наставников. Поступив позднее в Университетский пансион в Москве, Лермонтов еще долго остается в переписке с родною семьей и, говоря о занятиях своих, дает советы относительно занятий прежнего своего товарища и троюродного брата.

Желая создать для Мишеля вполне подходящую обстановку, было решено обучать его вместе с сверстниками, с коими он делил бы тоже и часы досуга. Кроме Акима Шан-Гирея в Тарханах года два воспитывались и двоюродные его братья со стороны отца: Николай и Михаил Пожогины-Отрошкевичи, два брата Юрьевых, временно князья Николай и Петр Максютовы и другие. Одно время в Тарханах жило десять мальчиков. Елизавета Алексеевна не щадила средств для воспитания внука. Оно обходилось ей до десяти тысяч рублей ассигнациями. На это-то она и указывала отцу, когда тот заводил речь относительно желания своего воспитывать сына при себе. Бедный человек, конечно, не был в состоянии сделать для Мишеля даже и части того, что делала бабушка.

Аким Павлович Шан-Гирей:

Покойная мать моя была родная и любимая племянница Елизаветы Алексеевны, которая и уговаривала ее переехать с Кавказа, где мы жили, в Пензенскую губернию, и помогла купить имение в трех верстах от своего, а меня, из дружбы к ней, взяла к себе на воспитание вместе с Мишелем, как мы все звали Михаила Юрьевича.

Таким образом, все мы вместе приехали осенью 1825 года из Пятигорска в Тарханы, и с этого времени мне живо помнится смуглый, с черными блестящими глазками, Мишель, в зеленой курточке и с клоком белокурых волос надо лбом, резко отличавшихся от прочих, черных, как смоль. Учителями были M-r Capet, высокий и худощавый француз с горбатым носом, всегдашний наш спутник, и бежавший из Турции в Россию грек; но греческий язык оказался Мишелю не по вкусу, уроки его были отложены на неопределенное время, а кефалонец занялся выделкой шкур палых собак и принялся учить этому искусству крестьян; он, бедный, давно уже умер, но промышленность, созданная им, развилась и принесла плоды великолепные: много тарханцев от нее разбогатело, и поныне чуть ли не половина села продолжает скорняжничать.

Помнится мне еще, как бы сквозь сон, лицо доброй старушки немки, Кристины Осиповны, няни Мишеля, и домашний доктор Левис, по приказанию которого нас кормили весной по утрам черным хлебом с маслом, посыпанным крессом, и не давали мяса, хотя Мишель, как мне всегда казалось, был совсем здоров, и в пятнадцать лет, которые мы провели вместе, я не помню его серьезно больным ни разу.

Жил с нами сосед из Пачелмы (соседняя деревня) Николай Гаврилович Давыдов, гостили довольно долго дальние родственники бабушки, два брата Юрьевы, двое князей Максютовых, часто наезжали и близкие родные с детьми и внучатами, кроме того, большое соседство, словом, дом был всегда битком набит. У бабушки были три сада, большой пруд перед домом, а за прудом роща; летом простору вдоволь. Зимой немного теснее, зато на пруду мы разбивались на два стана и перекидывались снежными комьями; на плотине с сердечным замиранием смотрели, как православный люд, стена на стену (тогда еще не было запрету), сходился на кулачки, и я помню, как раз расплакался Мишель, когда Василий садовник выбрался из свалки с губой, рассеченной до крови. <...>

Когда собирались соседки, устраивались танцы и раза два был домашний спектакль.

Со слов Михаила Антоновича Пожогина-Отрашкевича, *двоюродного брата Лермонтова по отцовской линии. В записи А. Н. Корсакова:*

По словам его, когда Миша Лермонтов стал подрастать, то Е. А. Арсеньева взяла к себе в дом для совместного с ним воспитания маленького сына одного из своих соседей — Д<авыдова>, а скоро после того и его, Пожогина. Все три мальчика были одних лет: им было по шестому году. Они вместе росли и вместе начали учиться азбуке. Первым учителем их, а вместе с тем и дядькою, был старик француз Жако. После он был заменен другим учителем, также французом, вызванным из Петербурга, — Капэ. Лермонтов в эту пору был ребенком слабого здоровья, что, впрочем, не мешало ему быть бойким, резвым и шаловливым. Учился он, вопреки словам чембарского капитана, прилежно, имел особенную способность и охоту к рисованию, но не любил сидеть за уроками музыки. В нем обнаруживался нрав добрый, чувствительный, с товарищами детства был обязателен и услужлив, но вместе с этими качествами в нем особенно выказывалась настойчивость. Капэ имел странность: он любил жаркое из молодых галчат и старался приучить к этому лакомству своих воспитанников. Несмотря на уверения Капэ, что галчата вещь превкусная, Лермонтов, назвав этот новый род дичи *падалью*, остался непоколебим в своем отказе попробовать жаркое, и никакие силы не могли победить его решения. Другой пример его настойчивости обнаружился в словах, сказанных им товарищу своему Давыдову. Поссорившись с ним как-то в играх, Лермонтов принуждал Давыдова что-то сделать. Давыдов отказывался исполнить его требование и услыхал от Лермонтова слова: *хоть умри, но ты должен это сделать...*

В свободные от уроков часы дети проводили время в играх, между которыми Лермонтову особенно нравились будто бы те, которые имели военный характер. Так, в саду у них было устроено что-то вроде батареи, на которую они бросались с жаром, воображая, что нападают на неприятеля. Охота с ружьем (?), верховая езда на маленькой лошадке с черкесским седлом, сделанным вроде кресла, и гимнастика были также любимыми упражнениями Лермонтова. Так проводили они время в Тарханах.

Моисей Егорович Меликов:

В личных воспоминаниях моих маленький Миша Лермонтов рисуется не иначе, как с нагайкой в руке, властным руководителем наших забав, болезненно-самолюбивым, экзальтированным ребенком.

Петр Кириллович Шугаев:

Для забавы Мишеньки бабушка выписала из Москвы маленького оленя и такого же лося, с которыми он некоторое время и забавлялся; но впоследствии олень, когда вырос, сделался весьма опасным даже для взрослых, и его удалили от Мишеньки; между прочим, этот олень наносил своими громадными рогами увечья крепостным, которые избавились от него благодаря лишь хитрости, а именно не давали ему несколько дней сряду корма, отчего он и пал, а лося Елизавета Алексеевна из боязни, что он заразился от оленя, приказала зарезать и мясо употребить в пищу, что было исполнено немедленно и в точности. Когда Мишенька стал подрастать и приближаться к юношескому возрасту, то бабушка стала держать в доме горничных, особенно молоденьких и красивых, чтобы Мишеньке не было скучно. Иногда некоторые из них бывали в интересном положении, и тогда бабушка, узнав об этом, спешила выдавать их замуж за своих же крепостных крестьян по ее выбору. Иногда бабушка делалась жестокою и неумолимою к провинившимся девушкам: отправляла их на тяжелые работы, или выдавала замуж за самых плохих женихов, или даже совсем продавая кому-либо из помещиков.

Павел Александрович Висковатов:

Желая поправить здоровье внука, бабушка несколько раз возила его на Кавказские воды. У Столыпиных было имение «Столыпиновка» недалеко от Пятигорска, ближе к Владикавказу жила сестра Арсеньевой Хастатова. В 1825 году поехали туда многочисленным обществом: бабушка, кузины Столыпины, доктор Анзельм Левис, Михаил Пожогин, учитель Иван Капе и гувернантка Христина Ремер — все это сопровождало Мишу. <...> В Тарханах и на Кавказе мальчик жил в простой, но поэтической обстановке, с людьми незатейливыми, искренно его любившими. Воспитатель его эльзасец Капе был офицер наполеоновской гвардии. Раненым попал он в плен к русским. Добрые люди ходили за ним и поставили его на ноги. Он, однако же, оставался хворым, не мог привыкнуть к климату, но, полюбив Россию и найдя в ней кусок хлеба, свыкся и глядел на нее как на вторую свою родину. И послужил же он ей, став наставником великого ее поэта.

Лермонтов очень любил Капе, о коем сохранилась добрая память и между старожилами села Тарханы; любил он его больше всех других своих воспитателей. И если бывший офицер наполеоновской гвардии не успел вселить в питомце своем особенной любви к французской литературе, то он научил его тепло относиться к гению Наполеона, которого Лермонтов идеализировал и не раз воспевал. Может быть также, что военные рассказы Капе немало способствовали развитию в мальчике любви к боевой жизни и военным подвигам. Эта любовь к бранным похождениям вязалась в воображении мальчика с Кавказом, уже поразившим его во время пребывания там, и с рассказами о нем родни его. <...> Замечательно, что жители Тархан из многих наставников Михаила Юрьевича сохранили только воспоминания о Капе и о немке Ремер, что они знают, как «молодой барин» любил учителя-француза, и что об этой любви Лермонтова к нему и о влиянии на него старого наполеоновского офицера говорил и наставник Лермонтова, Зиновьев. Капе, однако, не долго после переселения в Москву оставался руководителем Мишеля, — он простудился и умер от чахотки. Мальчик не скоро утешился. Теперь был взят в дом весьма рекомендованный, давно проживавший в России, еще со времени Великой французской революции, эмигрант Жандро, сменивший недолго пробывшего при Лермонтове ученого еврея Леви. Жандро сумел понравиться избалованному своему питомцу, а особенно бабушке и московским родственницам, каких он пленял безукоризненностью манер и любезностью обращения, отзывавшихся старой школой галантного французского двора. Этот изящный, в свое время избалованный русскими дамами француз пробыл, кажется, около двух лет и, желая овладеть Мишей, стал мало-помалу открывать ему «науку жизни». <...> Но вместе с тем этот же наставник внушал молодежи довольно легкомысленные принципы жизни, и это-то, кажется, выйдя наружу, побудило Арсеньеву ему отказать, а в дом был принят семейный гувернер, англичанин Виндсон.

Им очень дорожили, платили большое для того времени жалованье — 3000 р. — и поместили с семьею (жена его была русская) в особом флигеле. Однако же и к нему Мишель не привязался, хотя от него приобрел знание английского языка и впервые в оригинале познакомился с Байроном и Шекспиром.

Михаил Юрьевич Лермонтов:

Кто мне поверит, что я знал уже любовь, имея 10 лет от роду?.. Мы жили большим семейством на водах кавказских: бабушка, тетушка, кузины. К моим кузинам приходила одна дама с дочерью, девочкой лет девяти; я ее видел там. Я не помню, хороша собою была она или нет, но ее образ и теперь еще хранится в голове моей. Он мне любезен, сам не знаю почему. Один раз, я помню, я вбежал в комнату. Она была тут и играла с кузиною в куклы: сердце мое затрепетало, ноги подкосились. Я тогда ни о чем еще не имел понятия, тем не менее это была страсть сильная, хотя ребяческая, это была истинная любовь; с тех пор я еще не любил так. О, сия минута первого беспокойства страстей до могилы будет терзать мой ум. И так рано!.. Надо мною смеялись и дразнили, ибо примечали волнение в лице. Я плакал потихоньку, без причины, желая ее видеть, а когда она приходила, я не хотел или стыдился войти в комнату, не хотел говорить о ней и убегал, слыша ее название (теперь я забыл его), как бы страшась, чтобы биение сердца и дрожащий голос не объяснили другим тайну, непонятную для меня самого. Я не знаю, кто была она, откуда... И поныне мне неловко как-то спросить об этом: может быть, спросят и меня, как я помню, когда они забыли; или тогда эти люди, внимая мой рассказ, подумают, что я брежу, не поверят ее существованию, а это было бы мне больно... Белокурые волосы, голубые глаза, быстрые, непринужденность... Нет, с тех пор я ничего подобного не видал, или это мне кажется, потому что я никогда не любил, как в тот раз. — Горы кавказские для меня священны...

Московская юность.
В Благородном университетском пансионе

Аким Павлович Шан-Гирей:

В 1827 году она (бабушка. — *Сост.*) поехала с Мишелем в Москву, для его воспитания, а через год и меня привезли к ним. В Мишеле нашел я большую перемену, он был уже не дитя, ему минуло четырнадцать лет; он учился прилежно. M-r Gindrot, гувернер, почтенный и добрый старик, был, однако, строг и взыскателен и держал нас в руках; к нам ходили разные другие учители, как водится. Тут я в первый раз увидел русские стихи у Мишеля: Ломоносова, Державина, Дмитриева, Озерова, Батюшкова, Крылова, Жуковского, Козлова и Пушкина, тогда же Мишель прочел мне своего сочинения стансы К***; меня ужасно интриговало, что значит слово *стансы*, и зачем три звездочки? Однако ж промолчал, как будто понимаю. Вскоре была написана первая поэма «Индианка» и начал издаваться рукописный журнал «Утренняя заря», на манер «Наблюдателя» или «Телеграфа», как следует, с стихотворениями и изящною словесностью, под редакцией Николая Гавриловича; журнала этого вышло несколько нумеров, по счастию, перед отъездом в Петербург, все это было сожжено, и многое другое, при разборе старых бумаг.

Через год Мишель поступил полупансионером в Университетский благородный пансион, и мы переехали с Поварской на Малую Молчановку в дом Чернова. Пансионская жизнь Мишеля была мне мало известна, знаю только, что там с ним не было никаких *историй;* изо всех служащих при пансионе видел только одного надзирателя, Алексея Зиновьевича Зиновьева, бывавшего часто у бабушки, а сам в пансионе был один только раз, на выпускном акте, где Мишель декламировал стихи Жуковского: «Безмолвное море, лазурное море, стою очарован над бездной твоей». Впрочем, он не был мастер декламировать и даже впоследствии читал свои прекрасные стихи довольно плохо.

В соседстве с нами жило семейство Лопухиных, старик отец, три дочери-девицы и сын; они были с нами как родные и очень дружны с Мишелем, который редкий день там не бывал. Были также у нас родственницы со взрослыми дочерьми, часто навещавшие нас, так что первое общество, в которое попал Мишель, было преимущественно женское, и оно непременно должно было иметь влияние на его впечатлительную натуру.

Дмитрий Алексеевич Милютин (1816–1912), *соученик Лермонтова по Благородному университетскому пансиону; военный и общественный деятель (1861–1881 – военный министр):*
Заведение это пользовалось в то время прекрасною репутацией и особыми преимуществами. Оно помещалось на Тверской и занимало все пространство между двумя Газетными переулками (Старым и Новым, ныне Долгоруковским), в виде большого каре, с внутренним двором и садом. Пансион назывался университетским только потому, что в двух старших

его классах, V и VI, преподавали большею частью университетские профессора; но заведение это имело отдельный законченный курс и выпускало воспитанников с правами на четырнадцатый, двенадцатый и десятый классы по чинопроизводству. Учебный курс был общеобразовательный, но значительно превышал уровень гимназического. Так, в него входили некоторые части высшей математики (аналитическая геометрия, начала дифференциального и интегрального исчисления, механика), естественная история, римское право, русские государственные и гражданские законы, римские древности, эстетика... Из древних языков преподавался один латинский; но несколько позже, уже в бытность мою в пансионе, по настоянию министра Уварова, введен был и греческий. Наконец, в учебный план пансиона входил даже курс «военных наук»! — это был весьма странный, уродливый набор отрывочных сведений из всех военных наук, проходимый в пределах одного часа в неделю, в течение одного учебного года. <...> Московский университетский пансион вполне удовлетворял требования общества и стоял наравне с Царскосельским лицеем. При бывшем директоре Прокоповиче-Антонском и инспекторе — проф. Павлове он был в самом блестящем состоянии. В мое время директором был Курбатов, а инспектором — Иван Аркадьевич Светлов, — личности довольно бесцветные, но добродушные и поддерживавшие, насколько могли, старые традиции заведения. <...>

Преобладающею стороною наших учебных занятий была русская словесность. Московский университетский пансион сохранил с прежних времен направление, так сказать, литературное. Начальство поощряло занятия воспитанников сочинениями и переводами вне обязательных классных работ. В высших классах ученики много читали и были довольно знакомы с тогдашнею русскою литературой — тогда еще очень необширною. Мы зачитывались переводами исторических романов Вальтера Скотта, новыми романами Загоскина, бредили романтическою школою того времени, знали наизусть многие из лучших произведений наших поэтов. Например, я знал твердо целые поэмы Пушкина, Жуковского, Козлова, Рылеева («Войнаровский»). В известные сроки происходили по вечерам литературные собрания, на которых читались сочинения воспитанников в присутствии начальства и преподавателей. Некоторыми из учеников старших классов составлялись, с ведома начальства, рукописные сборники статей, в виде альманахов (бывших в большом ходу в ту эпоху) или даже ежемесячных журналов, ходивших по рукам между товарищами, родителями и знакомыми. Так и я был одно время «редактором» рукописного журнала «Улей», в котором помещались некоторые из первых стихотворений Лермонтова (вышедшего из пансиона годом раньше меня); один из моих товарищей издавал другой журнал: «Маяк» и т. д. Мы щеголяли изящною внешностью рукописного издания. Некоторые из товарищей, отличавшиеся своим искусством в каллиграфии (Шенгелидзев, Семенюта и др.), мастерски отделывали заглавные листки, обложки и т. д. Кроме этих литературных занятий, в зимние каникулы устраивались в зале пансиона театральные представления. По этой части одним из главных участников сделался впоследствии мой брат Николай — страстный любитель театра. <...>

<11 марта 1830 года> неожиданно приехал сам император Николай Павлович. <...> Это было первое царское посещение. Оно было до того неожиданно, непредвиденно, что начальство наше совершенно потеряло голову. На беду, государь попал в пансион во время «перемены», между двумя уроками, когда

обыкновенно учителя уходят отдохнуть в особую комнату, а ученики всех возрастов пользуются несколькими минутами свободы, чтобы размять свои члены после полуторачасового сидения в классе. В эти минуты вся масса ребятишек обыкновенно устремлялась из классных комнат в широкий коридор, на который выходили двери из всех классов. Коридор наполнялся густою толпою жаждущих движения и обращался в арену гимнастических упражнений всякого рода. В эти моменты нашей школьной жизни предоставлялась полная свобода жизненным силам детской натуры: «надзиратели» если и появлялись в шумной толпе, то разве только для того, чтобы в случае надобности обуздывать слишком уже неудобные проявления молодечества.

Андрей Михайлович Миклашевский (1814–1905), *товарищ Лермонтова по Московскому университетскому пансиону и по юнкерской школе:*
Лучшие профессора того времени преподавали у нас в пансионе, и я еще живо помню, как на лекциях русской словесности заслуженный профессор Мерзляков принес к нам в класс только что вышедшее стихотворение Пушкина

> Буря мглою небо кроет,
> Вихри снежные крутя,
>   и проч., —

и как он, древний классик, разбирая это стихотворение, критиковал его, находя все уподобления невозможными, неестественными, и как все это бесило тогда Лермонтова. Я не помню, конечно, какое именно стихотворение представил Лермонтов Мерзлякову; но чрез несколько дней, возвращая все наши сочинения на заданные им темы, он, возвращая стихи Лермонтову, хотя и похвалил их, но прибавил только: «молодо, зелено», какой, впрочем, аттестации почти все наши сочинения удостоивались. Все это было в 1829 или 1830 году, за давностью хорошо не помню. Нашими соучениками в то время были блистательно кончившие курс братья Д. А. и Н. А. Милютины и много бывших потом государственных деятелей.

В последнем, шестом классе пансиона сосредоточивались почти все университетские факультеты, за исключением, конечно, медицинского. Там преподавали все науки, и потому у многих, во время экзамена, выходил какой-то хаос в голове. Нужно было приготовиться, кажется, из тридцати шести различных предметов. Директором был у нас Курбатов. Инспектором, он же и читал физику в шестом классе, М. Г. Павлов. Судопроизводство — старик Сандунов. Римское право — Малов, с которым потом была какая-то история в университете. Фортификацию читал Мягков. Тактику, механику и проч. и проч. я уже не помню кто читал. Французский язык — Бальтус, с которым ученики проделывали разные шалости, подкладывали ему под стул хлопушки и проч.

Алексей Зиновьевич Зиновьев:
Миша учился прекрасно, вел себя благородно, особенные успехи оказывал в русской словесности. Первым его стихотворным опытом был перевод Шиллеровой «Перчатки», к сожалению утратившийся. Каким образом запало в душу поэта приписанное ему честолюбие, будто бы его грызшее; почему он мог считать себя дворянином незнатного происхождения, — ни достаточного повода и ни малейшего признака к тому не было. В наружности Лермонтова также не было ничего карикатурного. Воспоминанье о личностях обыкновенно для нас сливается в каком-либо обстоятельстве. Как теперь смотрю я на милого моего питомца, отличившегося на пансионском акте, кажется, 1829 года. Среди бле-

стящего собрания он прекрасно произнес стихи Жуковского к Морю и заслужил громкие рукоплесканья. Он и прекрасно рисовал, любил фехтованье, верховую езду, танцы, и ничего в нем не было неуклюжего: это был коренастый юноша, обещавший сильного и крепкого мужа в зрелых летах.

Андрей Михайлович Миклашевский:

Всем нам товарищи давали разные прозвища. В памяти у меня сохранилось, что Лермонтова, не знаю почему, — прозвали лягушкою. Вообще, как помнится, его товарищи не любили, и он ко многим приставал. <…> Все мы, воспитанники благородного пансиона, жили там и отпускались к родным по субботам, а Лермонтова бабушка ежедневно привозила и отвозила домой.

Алексей Зиновьевич Зиновьев:

Он всегда являлся в пансионе в сопровождении гувернера, которые, однако, нередко сменялись. Помню, что Миша особенно уважал бывшего при нем француза Жандро, капитана наполеоновской гвардии, человека очень почтенного, умершего в доме Арсеньевой и оплаканного ее внуком. Менее ладил он с весьма ученым евреем Леви, заступившим место Жандро, и скоро научился по-английски у нового гувернера Винсона, который впоследствии жил в доме знаменитого министра просвещения гр. С. С. Уварова.

Аким Павлович Шан-Гирей:

Мишель начал учиться английскому языку по Байрону и через несколько месяцев стал свободно понимать его; читал Мура и поэтические произведения Вальтера Скотта (кроме этих трех, других поэтов Англии я у него никогда не видал), но свободно объясняться по-английски никогда не мог, французским же и немецким языком владел как собственным. Изучение английского языка замечательно тем, что с этого времени он начал передразнивать Байрона. Вообще большая часть произведений Лермонтова этой эпохи, то есть с 1829 по 1833 год, носит отпечаток скептицизма, мрачности и безнадежности, но в действительности чувства эти были далеки от него. Он был характера скорее веселого, любил общество, особенно женское, в котором почти вырос и которому нравился живостию своего остроумия и склонностью к эпиграмме; часто посещал театр, балы, маскарады; в жизни не знал никаких лишений, ни неудач: бабушка в нем души не чаяла и никогда ни в чем ему не отказывала; родные и короткие знакомые носили его, так сказать, на руках; особенно чувствительных утрат он не терпел; откуда же такая мрачность, такая безнадежность? Не была ли это скорее драпировка, чтобы казаться интереснее, так как байронизм и разочарование были в то время в сильном ходу, или маска, чтобы морочить обворожительных московских львиц? Маленькая слабость, очень извинительная в таком молодом человеке. Тактика эта, как кажется, ему и удавалась.

Екатерина Александровна Сушкова:
Он учился в Университетском пансионе, но ученые его занятия не мешали ему быть почти каждый вечер нашим кавалером на гулянье и на вечерах; все его называли просто Мишель, и я так же, как и все, не заботясь нимало о его фамилии. Я прозвала его своим чиновником по особым поручениям и отдавала ему на сбережение мою шляпу, мой зонтик, мои перчатки, но перчатки он часто затеривал, и я грозила отрешить его от вверенной ему должности. <...> Смолоду его грызла мысль, что он дурен, нескладен, не знатного происхождения, и в минуты увлечения он признавался мне не раз, как бы хотелось ему попасть *в люди*, а главное, никому в этом не быть обязану, кроме самого себя.

Студент
Московского университета

Павел Федорович Вистенгоф (около 1815 — после 1878), *литератор, журналист, однокурсник Лермонтова по Московскому университету:*

Студент Лермонтов, в котором тогда никто из нас не мог предвидеть будущего замечательного поэта, имел тяжелый, несходчивый характер, держал себя совершенно отдельно от всех своих товарищей, за что, в свою очередь, и ему платили тем же. Его не любили, отдалялись от него и, не имея с ним ничего общего, не обращали на него никакого внимания.

Он даже и садился постоянно на одном месте, отдельно от других, в углу аудитории, у окна, облокотясь, по обыкновению, на один локоть и углубясь в чтение принесенной книги, не слушал профессорских лекций. Это бросалось всем в глаза. Шум, происходивший при перемене часов преподавания, не производил никакого на него действия. Роста он был небольшого, сложен некрасиво, лицом смугл; темные его волосы были приглажены на голове, темно-карие большие глаза пронзительно впивались в человека. Вся фигура этого студента внушала какое-то безотчетное к себе нерасположение.

Так прошло около двух месяцев. Мы не могли оставаться спокойными зрителями такого изолированного положения его среди нас. Многие обижались, другим стало это надоедать, а некоторые даже и волновались. Каждый хотел его разгадать, узнать затаенные его мысли, заставить его высказаться.

Как-то раз несколько товарищей обратились ко мне с предложением отыскать какой-нибудь предлог для начатия разговора с Лермонтовым и тем вызвать его на какое-нибудь сообщение.

— Вы подойдите к Лермонтову и спросите его, какую он читает книгу с таким постоянным напряженным вниманием. Это предлог для начатия разговора самый основательный.

Недолго думая, я отправился.

— Позвольте спросить вас, Лермонтов, какую это книгу вы читаете? Без сомнения, очень интересную, судя по тому, как углубились вы в нее; нельзя ли поделиться ею и с нами? — обратился я к нему не без некоторого волнения.

Он мгновенно оторвался от чтения. Как удар молнии, сверкнули глаза его. Трудно было выдержать этот неприветливый, насквозь пронизывающий взгляд.

— Для чего вам хочется это знать? Будет бесполезно, если я удовлетворю ваше любопытство. Содержание этой книги вас нисколько не может интересовать; вы тут ничего не поймете, если бы я даже и решился сообщить вам содержание ее, — ответил он мне резко и принял прежнюю свою позу, продолжая читать.

Как будто ужаленный, отскочил я от него, успев лишь мельком заглянуть в его книгу, — она была английская.

Перед рождественскими праздниками профессора делали репетиции, то есть проверяли знания своих слушателей за пройденное полугодие и согласно ответам ставили баллы, которые брались в соображение потом и на публичном экзамене.

Профессор Победоносцев, читавший изящную словесность, задал Лермонтову какой-то вопрос. Лермонтов начал бойко и с уверенностью отвечать. Профессор сначала слушал его, а потом остановил и сказал:

— Я вам этого не читал; я желал бы, чтобы вы мне отвечали именно то, что я проходил. Откуда могли вы почерпнуть эти знания?

— Это правда, господин профессор, того, что я сейчас говорил, вы нам не читали и не могли передавать, потому что это слишком ново и до вас еще не дошло. Я пользуюсь источниками из своей собственной библиотеки, снабженной всем современным. Мы все переглянулись.

Подобный ответ дан был и адъюнкт-профессору Гастеву, читавшему геральдику и нумизматику.

Дерзкими выходками этими профессора обиделись и постарались срезать Лермонтова на публичных экзаменах.

Иногда в аудитории нашей, в свободные от лекций часы, студенты громко вели между собой оживленные суждения о современных интересных вопросах. Некоторые увлекались, возвышая голос. Лермонтов иногда отрывался от своего чтения, взглядывал на ораторствующего, но как взглядывал! Говоривший невольно конфузился, умалял свой экстаз или совсем умолкал. Ядовитость во взгляде Лермонтова была поразительна. Сколько презрения, насмешки и вместе с тем сожаления изображалось тогда на его строгом лице.

Лермонтов любил посещать каждый вторник тогдашнее великолепное московское благородное собрание, блестящие балы которого были очаровательны. Он всегда был изысканно одет, а при встрече с нами делал вид, будто нас не замечает. Не похоже было, что мы с ним были в одном университете, на одном факультете и на одном и том же курсе. Он постоянно окружен был хорошенькими молодыми дамами высшего общества и довольно фамильярно разговаривал и прохаживался по залам с почтенными и влиятельными лицами. Танцующим мы его никогда не видали.

Аким Павлович Шан-Гирей:

Г-н Дудышкин, в статье своей «Ученические тетради Лермонтова», приводит некоторые из этих стихотворений, недоумевая, к чему их отнести; мне известно, что они были написаны по случаю одного маскарада в Благородном собрании, куда Лермонтов явился в костюме астролога, с огромной книгой судеб под мышкой, в этой книге должность кабалистических знаков исправляли китайские буквы, вырезанные мною из черной бумаги, срисованные в колоссальном виде с чайного ящика и вклеенные на каждой странице; под буквами вписаны были приведенные г-ном Дудышкиным стихи, назначенные разным знакомым, которых было вероятие встретить в маскараде, где это могло быть и кстати и очень мило, но какой смысл могут иметь эти, очень слабые стишки, в собрании сочинений поэта? <...>
Развлекаемый светскими удовольствиями, Лермонтов, однако же, занимался лекциями, но не долго пробыл в университете; вследствие какой-то истории с одним из профессоров, в которую он случайно и против воли был замешан, ему надо было оставить Московский университет <...>.

Павел Федорович Вистенгоф:

Всем студентам была присвоена форменная одежда, наподобие военной: однобортный мундир с фалдами темно-зеленого сукна, с малиновым стоячим воротником и двумя золотыми петлицами, трехугольная шляпа и гражданская шпага без темляка; сюртук двубортный также с металлическими желтыми пуговицами и фуражка темно-зеленая с малиновым околышком. Посещать лекции обязательно было не иначе, как в форменных сюртуках. Вне университета, также на балах и в театре, дозволялось надевать штатское платье. Студенты вообще не любили форменной одежды и, относясь индифферентно к этой форме, позволяли себе ходить по улицам Москвы в форменном студенческом сюртуке, с высоким штатским цилиндром на голове.

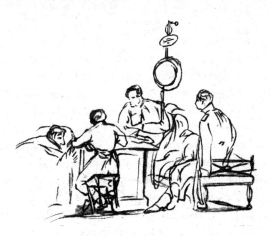

В Школе гвардейских подпрапорщиков

Павел Александрович Висковатов:

Поселившись в Петербурге, Лермонтов приказом по Школе гвардейских кавалерийских юнкеров от 14 ноября 1832 года был зачислен вольноопределяющимся унтер-офицером в лейб-гвардии Гусарский полк. Школа помещалась в то время у Синего моста, в здании, принадлежавшем когда-то графам Чернышевым, а потом перестроенном во дворец великой княгини Марии Николаевны. Мысль учреждения Школы гвардейских подпрапорщиков принадлежала императору Николаю Павловичу в бытность его великим князем. Возникла она, когда гвардия занимала литовские губернии, двинутая туда «для успокоения умов, взволнованных известною семеновскою историею». Здесь, во время зимовки, великий князь Николай Павлович обратил внимание на то, что молодые люди, поступающие в полки подпрапорщиками, при хорошем домашнем воспитании, или окончивши курс в высших учебных заведениях, были мало сведущи в военных науках, плохо понимали и подчинялись дисциплинарным требованиям и медленно успевали в строевом образовании. Великий князь собрал во время зимовки юнкеров некоторых полков в квартиру 2-й бригады 1-й гвардейской дивизии, которою он командовал, и «производил им военное образование» под личным своим наблюдением. Это было начало Школы, которая и учредилась в Петербурге в мае 1823 года, вскоре по возвращении гвардии в столицу. Школа эта подчинялась особому командиру «из лучших штаб-офицеров гвардии». Подпрапорщики, собранные из разных родов оружия, продолжали числиться в своих полках и носили форму своих частей. Внутренний порядок был заведен тот же, который существовал в полках, но, вместе с тем, сюда вошли и распоряжения, общие всем военно-учебным заведениям. Так, подпрапорщики поднимались барабанным боем в 6 часов утра и, позавтракав, отправлялись в классы от 8 до 12 часов. Вечерние занятия длились от 3-х до 5-ти, а строевым посвящалось сравнительно немного времени: от 12-ти до часу, и только некоторым, по усмотрению командира, вменялось в обязанность обучаться строю еще один час в сутки. Во главе Школы стоял командир ее, полковник Измайловского полка Павел Петрович Годеин, человек чрезвычайно добрый, снискавший общую признательность сослуживцев и подчиненных. Так как великий князь Николай Павлович часто посещал Школу, то непосредственные отношения к нему Годеина устраняли вмешательство высшего начальства, и влияние Павла Петровича на внутренний строй и дух заведения был<о> непосредственнее. Немалым подспорьем для преуспеяния Школы были: полковник Генерального штаба Деллингсгаузен, пользовавшийся репутацией «высокоученого офицера», и, впоследствии воспитатель наследника престола великого князя Александра Николаевича, Карл Карлович Мердер. Эти лица сумели выбрать достойных офицеров-помощников и сблизить с ними подпрапорщиков. Взаимные дружеские отношения не мешали дисциплине, а молодежь только выигрывала от нравственного влияния на нее руководителей. «Отчуждение офицеров от общения с подпрапорщиками в видах укоренения дисциплины подорвало бы нравственную сторону дела, как указывала на то воспитательная практика некоторых кадетских корпусов», — замечает составитель официальной истории Школы.

Подпрапорщики пользовались некоторою независимостью. Хотя они жили в стенах заведения, но им не возбранялось иметь личную прислугу из собственных крепостных или наемных людей. Часто отлучались они из Школы и в будни. Считаясь состоящими на службе, молодые люди, вступая в число воспитанников, принимали присягу.

С восшествием на престол императора Николая I Школа была отдана в ведение великого князя Михаила Павловича. Заведение это скоро было преобразовано, и вместо одной роты, которую составляли подпрапорщики, был учрежден и кавалерийский эскадрон. Великий князь обратил свое особенное внимание на фронтовые занятия, и обучение строю стало практиковаться чаще. Так, манежная езда производилась теперь от 10 часов утра до часу пополудни, а лекции были перенесены на вечерние часы. Было запрещено читать книги литературного содержания, что, впрочем, не всегда выполнялось, и вообще полагалось стеснить умственное развитие молодых питомцев Школы. Так как вся вина политических смут была взведена правительством на воспитание, то прежняя либеральная система была признана пагубною. Занятый другими делами, великий князь, однако, не часто посещал заведение, почему дух ее под руководством прежнего начальства мало изменился. Дело получило иной оборот после турецкой кампании, когда великий князь Михаил Павлович был назначен начальником всех военно-учебных заведений. Тогда с 1830 года он принял живое участие в преуспеянии Школы и стал посещать ее почти еженедельно. «Историческая правда, — замечает автор истории Школы, — обязывает сказать, что эти посещения всегда сопровождались грозою». Неудовольствия великого князя на Школу начались с неудачного представления ординарцев, явившихся в один из воскресных дней. Сделав по этому поводу строжайший выговор командиру роты, великий князь приказал арестовать офицеров, которые, по его мнению, мало внушали юнкерам правильное понятие о дисциплине и обязанностях нижних чинов в этом отношении к офицерам. Последнее замечание вызвано было тем, что великий князь встретил на Невском проспекте подпрапорщика Тулубьева, который шел *рядом* с родным своим братом, офицером Преображенского полка. Другие юнкера также неоднократно замечались его высочеством в разговоре с офицерами на улице. Все они немедленно отправлялись в Школу, под строгий арест, и, наконец, великий князь приказал объявить свою волю, что за подобные проступки, как нарушающие военное чинопочитание, виновные будут выписываться им в армию. Заметив также, что воспитанники Школы часто отлучаются со двора в будни, и приписывая это слабости ближайшего начальства, он приказал на будущее время такие отпуски прекратить.

Желая подтянуть дисциплину и искоренить беспорядки, великий князь наезжал в Школу невзначай. Так, приехав однажды, он прямо вошел в роту и приказал раздеться первому встречному юнкеру. О ужас! на нем оказался *жилет* — в то время совершенно противозаконный атрибут туалета, изобличавший, по понятиям строгих блюстителей формы, чуть ли не революционный дух. На других воспитанниках великим князем были замечены «*шелковые* или неисправные галстухи». Это было поводом к сильнейшему гневу его высочества. Он приказал отправить под арест командира роты и всех отделенных офицеров, а подпрапорщиков не увольнять со двора впредь до приказания. На другой день великий князь опять приехал в Школу и, к крайнему удивлению своему, вновь застал те же беспорядки в одежде. На этот раз гроза разразилась уже над командиром Школы, генерал-майором, которому объявлен был строгий выговор.

Затем начальство Школы изменилось. Еще раньше удалился из нее Деллингсгаузен, а потом в ноябре 1831 года и Годеин, который был замещен бароном Шлиппенбахом. С этим назначением и уходом Годеина совпадает и выход любимого и уважаемого полковника Гудима-Левковича, командира эскадрона. На место его был назначен Стукеев, воспетый Лермонтовым, а командиром роты — Гельмерсен, избранный самим великим князем Михаилом Павловичем.

Все эти перемены произошли как раз в 1832 году, то есть к тому времени, когда Лермонтов поступил в Школу.

Иван Васильевич Анненков (1814–1887), *соученик Лермонтова по юнкерской школе, брат литератора, первого биографа А. С. Пушкина П. В. Анненкова:*
По существовавшему тогда обыкновению, входная дверь в эскадрон на ночь запиралась и ключ от нее приносился в дежурную комнату. Стало быть, внезапного ночного посещения эскадрона кем-либо из начальников нельзя было ожидать никоим образом, и юнкера, пользуясь этим, долго засиживались ночью, одни за вином, другие за чтением какого-нибудь романа, но большею частью за картами.

Это было любимое занятие юнкеров, и бывало, когда ляжешь спать, из разных углов долго еще были слышны возгласы: «Плие, угол, атанде». <...>

Нельзя не заметить, что школьные карточные сборища имели весьма дурной характер в том отношении, что игра велась не на наличные деньги, а на долговые записки, уплата по которым считалась долгом чести, и действительно, много юнкеров дорого поплатилось за свою неопытность: случалось, что карточные долговые расчеты тянулись между юнкерами и по производстве их в офицеры. <...>

Я сказал уже перед сим несколько слов о курении, но желал бы возвратиться к этому предмету, потому что он составлял лучшее наслаждение юнкеров. Замечу, что папиросок тогда не существовало, сигар юнкера не курили, оставалась, значит, одна только трубка, которая, в сущности, была в большом употреблении во всех слоях общества. Мы щеголяли чубуками, которые были из превосходного черешневого дерева, такой длины, чтобы чубук мог уместиться в рукаве, а трубка была в размере на троих, чтобы каждому пришлось затянуться три раза. Затяжка делалась таким образом, что куривший, не переводя дыхания, втягивал в себя табачный дым, сколько доставало у него духу. Это отуманивало обыкновенно самые крепкие натуры, чего, в сущности, и желали. Юнкера составляли для курения особые артели и по очереди несли обязанность хранения трубок. Наша артель состояла из Шигорина конной гвардии, Новикова тоже конной гвардии, Чернова конно-пионера и, наконец, меня. Мое дело состояло в том, чтобы стоять, когда закурят трубку, на часах в дверях между двух кирасирских камер, смотреть на дежурную комнату, а когда покажется начальник, предупредить куривших словами «Николай Николаевич». Лозунг этот был нами выбран потому, что вместе с нами поступил юнкер Пантелеев, которого звали этим именем и который до того был тих и робок, что никому и в голову не могла прийти мысль, чтобы он решился курить. Курение производилось большей частью в печке кирасирской камеры, более других прикрытой от дежурного офицера. Когда вся артель выполнит свое дело, я докуривал остальное, выколачивал трубку и относил ее в левом рукаве в свой шкапчик, где и закутывал в шинель, пропитавшуюся от того вместе с шкапчиком едким запахом табачного сока. Сколько я помню, я долго исполнял должность хозяйки, пока сам не вступил в права деятельного члена артели, приучившись и привыкнув курить до такой степени, что, долго спустя по выходе из школы, я не курил другого табаку, кроме известного под именем «двухрублевого Жукова».

Знакомство нас, новичков, с обычаями и порядками юнкеров продолжалось недолго, и госпитальное препровождение времени было первым, о котором мы узнали, чего, в сущности, и скрыть было невозможно. Затем познакомились мы с другой лазейкой, чрезвычайно удобной во многих отношениях, — с людскими комнатами офицерских квартир, отделенными широким коридором от господских помещений. Они находились в отдельном доме, выходящем на Вознесенский проспект. Оттуда посылали мы за вином, обыкновенно за портвейном, который любили за то, что был крепок и скоро отуманивал голову. В этих же притонах у юнкеров была статская одежда, в которой они уходили из школы, потихоньку, разумеется. И здесь нельзя не сказать, до какой степени все сходило юнкерам безнаказанно. Эта статская одежда состояла из партикулярной только шинели и такой же фуражки; вся же прочая одежда была та, которую юнкера носили в школе; даже шпор, которые никак не сходились со статской одеждой, юнкера не снимали. Особенно любили юнкера надевать на себя лакейскую форменную одежду и пользовались ею очень часто, потому что в ней можно было возвращаться в школу через главные ворота у Синего моста.

Познакомившись с этими притонами, мы, новички, мало-помалу стали проникать во все таинства разгульной жизни, о которой многие из нас, и я первый в том числе, до поступления в школу и понятия не имели. Начну с тех любимых юнкерами мест, которые они особенно часто посещали. Обычными местами сходок юнкеров по воскресеньям были Фельет на Большой Морской, Гане на Невском, между двумя Морскими, и кондитерская Беранже у Синего моста. Эта кондитерская Беранже была самым любимым местом юнкеров по воскресеньям и по будням; она была в то время лучшей кондитерской в городе, но главное ее достоинство состояло в том, что в ней отведена была отдельная комната для юнкеров, за которыми ухаживали, а главное, верили им в долг. Сообщение с ней велось в школе во всякое время дня; сторожа непрерывно летали туда за мороженым и пирожками. В те дни, когда юнкеров водили в баню, этому Беранже была большая работа: из его кондитерской, бывшей наискось от бани, носились и передавались в окно подвального этажа, где помещалась баня, кроме съестного, ликеры и другие напитки. Что творилось в этой бане, считаю излишним припоминать, скажу только, что мытья тут не было, а из бани зачастую летали пустые бутылки на проспект. <...>

...Несмотря на возраст юнкеров (в школу могли поступать только лица, имевшие не менее семнадцати лет), между ними преобладали школьные, детские проказы, вроде того, например, чтобы подделать другому юнкеру кровать, причем вся камера выжидала той минуты, когда тот ляжет на нее и вместе с досками и тюфяком провалится на землю, или, когда улягутся юнкера спать, протянуть к двери веревку и закричать в соседней камере: «Господа, из нашего окна виден пожар». Потеха была, когда все кинутся смотреть пожар и образуют в дверях кучку. Эта школьная штука удалась нам один раз уже через меру хорошо. В кучке очутился дежурный офицер уланского полка Дризен, выбежавший из своей комнаты тоже посмотреть на пожар. Рассердился он сначала, да скоро обошелся. <...>

Как ни странным покажется, но справедливость требует сказать, что, несмотря на такое преобладание между юнкерами школьного ребяческого духа, у них был развит в сильной степени point d'honneur* офицерских кружков. Мы отделяли шалость, школьничество, шутку от предметов серьезных, когда затрагивалась честь, достоинство, звание или наносилось личное оскорбление. Мы слишком хорошо понимали, что предметами этими шутить нельзя, и мы не шутили ими. В этом деле старые юнкера имели большое значение, направляя, или, как говорилось обыкновенно, вышколивая новичков, в числе которых были люди разных свойств и наклонностей. Тем или другим путем, но общество, или, иначе сказать, масса юнкеров достигала своей цели, переламывая натуры, попорченные домашним воспитанием, что, в сущности, и не трудно было сделать, потому что одной личности нельзя же было устоять противу всех. Нужно сказать, что средства, которые употреблялись при этом, не всегда были мягки, и если весь эскадрон невзлюбит кого-нибудь, то ему было не хорошо. Особенно преследовались те юнкера, которые не присоединялись к товарищам, когда были между ними какие-нибудь соглашения, не любили также и тех, которые передавали своим родным, что делалось в школе, и это потому, что родные, в особен-

---

* Чувство чести (*франц.*).

ности маменьки, считали своею обязанностью доводить их жалобы до сведения начальства. Предметом общих нападок были вообще те, которые отделялись от общества с юнкерами или заискивали в начальстве, а также натуры вялые, хилые и боязливые. Более всего подвергались преследованию новички, не бывшие до поступления в школу в каком-нибудь казенном или общественном заведении и являвшиеся на службу прямо из-под маменькиного крылышка, в особенности если они, как тогда выражались, подымали нос. Нельзя не заметить при этом, что школьное перевоспитание, как оно круто ни было, имело свою хорошую сторону в том отношении, что оно формировало из юнкеров дружную семью, где не было места личностям, не подходящим под общее настроение. <...>

Позволю себе несколько слов о бритье, которое играло в нашем туалете немаловажную роль. Все юнкера имели то убеждение, что чем чаще они будут бриться, тем скорее и гуще отрастут у них борода и усы, а желание иметь усы было преобладающей мечтою всего эскадрона. На этом основании все те, у кого не было еще и признаков бороды, заставляли себя брить по нескольку раз в сутки. Операцией этой занимался инвалидный солдат Байков, высокий худощавый мужчина, ходивший в эскадрон во всякое время и всегда с мыльницею и бритвами. Мы его любили за то, что он хотя и был ворчун, но выполнял наши требования. Случалось, что выйдешь за чем-нибудь из класса и, встретив его, скажешь: «Байков, брей», — и он на том же самом месте, где застал требование, намылит место для усов и выбреет. И это случалось по нескольку раз в день.

Александр Матвеевич Меринский:

Вступление его в юнкера не совсем было счастливо. Сильный душой, он был силен и физически и часто любил выказывать свою силу. Раз, после езды в манеже, будучи еще, по школьному выражению, *новичком*, подстрекаемый старыми юнкерами, он, чтоб показать свое знание в езде, силу и смелость, сел на молодую лошадь, еще не выезженную, которая начала беситься и вертеться около других лошадей, находившихся в манеже. Одна из них ударила Лермонтова в ногу и расшибла ему ее до кости. Его без чувств вынесли из манежа. Он проболел более двух месяцев, находясь в доме у своей бабушки Е. А. Арсеньевой, которая любила его до обожания.

Павел Александрович Висковатов:

Товарищ Лермонтова по Школе, поступивший в нее лишь годом раньше, князь Александр Иванович Барятинский, рассказывая нам многие из эпизодов своей жизни, вспомнил о том, как тяжело тогда доставалось в Школе молодым людям, поступившим в нее из семей, в которых они получали тщательное воспитание. Обычаи Школы требовали известного ухарства. Понятие о геройстве и правдивости были своеобразные и ложные, отчего немало страдали пришедшие извне новички, пока не привыкали ко взгляду товарищей: что в таком-то случае обмануть начальство похвально, а в таком-то необходимо надо сказать правду. Так, например, считалось доблестным не выдавать товарища, который, наперед надломив тарелку, ставил на нее массу других, отчего вся груда с треском падала и разбивалась, как только служитель приподнимал ее со стола. Юнкера хохотали, а служителя наказывали. Новичка, вступавшегося за несчастного служителя, если не прямо клеймили доносчиком, то немилосердно преследовали за мягкосердие и, именуя его «маменькиным сынком», прозывали более или менее презрительными прозвищами. Хвалили же и восхищались теми, кто быстро выказывал «закал», то есть неустрашимость при товарищеских предприятиях, обмане начальства, выкидывании разных «смелых штук».

Александр Матвеевич Меринский:

Между товарищами своими Лермонтов ничем не выделялся особенно от других. В школе Лермонтов имел страсть приставать с своими острыми и часто даже злыми насмешками к тем из товарищей, с которыми он был более дружен. Разумеется, многие платили ему тем же, и это его очень забавляло. Редкий из юнкеров в школе не имел какого-либо прозвища; Лермонтова прозвали *Маёшкой,* уменьшительное от Маё — название одного из действующих лиц бывшего тогда в моде романа «Notre-Dame de Paris», Маё этот изображен в романе уродом, горбатым. Разумеется, к Лермонтову не шло это прозвище, и он всегда от души смеялся над ним. Лермонтов был небольшого роста, плотный, широкоплечий и немного сутуловатый. Зимою в большие морозы юнкера, уходя из школы, надевали шинели в рукава, сверх мундиров и ментиков; в этой форме он действительно казался неуклюжим, что и сам сознавал и однажды нарисовал себя в этой одежде в карикатуре. Впоследствии под именем Маёшки он описал себя в стихотворении «Монго».

Евдокия Петровна Ростопчина. *Из письма Александру Дюма 27 августа/10 сентября 1858 г.:*

Он давал всем различные прозвища в насмешку; справедливость требовала, чтобы и он получил свое; к нам дошел из Парижа, откуда к нам приходит все, особый тип, с которым он имел много сходства, — горбатого Майё (Mayeux), и Лермонтову дали это прозвище, вследствие его малого роста и большой головы, которые придавали ему некоторым образом фамильное сходство с этим уродцем.

Николай Соломонович Мартынов:

По пятницам у нас учили фехтованию; класс этот был обязательным для всех юнкеров, и оставлялось на выбор каждому рапира или эспадрон. Сколько я ни пробовал драться на рапирах, никакого толку из этого не выходило, потому что я был чрезвычайно щекотлив, и в то время, как противник меня колет, я хохочу и держусь за живот. Я гораздо охотнее дрался на саблях. В числе моих товарищей только двое умели и любили так же, как я, это занятие: то были гродненский гусар Моллер и Лермонтов. В каждую пятницу мы сходились на ратоборство, и эти полутеатральные представления привлекали много публики из товарищей, потому что борьба на эспадронах всегда оживленнее, красивее и занимательнее неприметных для глаз эволюций рапиры. Танцевал он ловко и хорошо.

Умственное развитие его было настолько выше других товарищей, что и параллели между ними провести невозможно. Он поступил в школу уже человеком, много читал, много передумал; тогда как другие еще вглядывались в жизнь, он уже изучил ее со всех сторон; годами он был не старше других, но опытом и воззрением на людей далеко оставлял их за собой. В числе товарищей его был Василий Вонлярлярский, человек тоже поживший, окончивший курс в университете и потом не знаю вследствие каких обстоятельств добровольно променявший полнейшую свободу на затворническую жизнь в юнкерской школе. В эпоху, мною описываемую, ему было уже двадцать два или двадцать три года. Эти два человека, как и должно было ожидать, сблизились. В рекреационное время их всегда можно было застать вместе. Лярский, ленивейшее создание в целом мире (как герой «Женитьбы» у Гоголя), большую часть дня лежал с расстегнутой курткой на кровати. Он лежал бы и раздетый, но дисциплина этого не позволяла.

Василий Васильевич Боборыкин (1817–1885), *соученик Лермонтова по юнкерской школе:*
Лермонтов, Лярский, Тизенгаузен, братья Череповы, как выпускные, с присоединением к ним проворного В. В. Энгельгардта, составляли по вечерам так называемый ими «Нумидийский эскадрон», в котором, плотно взявши друг друга за руки, быстро скользили по паркету легкокавалерийской камеры, сбивая с ног попадавшихся им навстречу новичков.

Николай Соломонович Мартынов:
По существовавшему положению в юнкерскую школу поступали молодые люди не моложе шестнадцати лет и восьми месяцев и в большей части случаев прямо из дому; исключения бывали, но редко. По крайней мере, сколько я помню, большинство юнкеров не воспитывались прежде в других заведениях. По этой причине школьничество и детские шалости не могли быть в большом ходу между нами. У нас держали себя более серьезно. Молодые люди в семнадцать лет и старше этого возраста, поступая в юнкера, уже понимали, что они не дети. В свободное от занятий время составлялись кружки; предметом обыкновенных разговоров бывали различные кутежи, женщины, служба, светская жизнь. Все это, положим, было очень незрело; суждения все отличались увлечением, порывами, недостатком опытности; не менее того, уже зародыши тех страстей, которые присущи были отдельным личностям, проявлялись и тут и наглядно показывали склонности молодых людей. Лермонтов, поступив в юнкерскую школу, остался школяром в полном смысле этого слова. В общественных заведениях для детей существует почти везде обычай подвергать различным испытаниям или,

лучше сказать, истязаниям вновь поступающих новичков. Объяснить себе этот обычай можно разве
только тем, как весьма остроумно сказано в конце
повести Пушкина «Пиковая дама», что Лизавета
Ивановна, вышед замуж, тоже взяла себе воспитан-
ницу; другими словами, что все страдания, которые
вынесли новички в свое время, они желают вымес-
тить на новичках, которые их заменяют. В юнкерской школе эти испытания ограничивались одним:
новичку не дозволялось в первый год поступления
курить, ибо взыскания за употребление этого зелья
были весьма строги, и отвечали вместе с виновными и начальники их, то есть отделенные унтер-
офицеры и вахмистры. Понятно, что эти господа не
желали подвергать себя ответственности за людей,
которых вовсе не знали и которые ничем еще не за-
служили имя хороших товарищей. Но тем и ограничивалась разница в социальном положении юнкеров; но Лермонтов, как истый школьник, не доволь-
ствовался этим, любил помучить их способами более
чувствительными и выходящими из ряда обыкновенно налагаемых испытаний. Проделки эти произво-
дились обыкновенно ночью. Легкокавалерийская
камера была отдельная комната, в которой мы, кира-
сиры, не спали (у нас были свои две комнаты), а потому, как он распоряжался с новичками легкокавале-
ристами, мне неизвестно; но расскажу один случай,
который происходил у меня на глазах, в нашей камере, с двумя вновь поступившими юнкерами в кавалергарды. Это были Эмануил Нарышкин (сын известной красавицы Марьи Антоновны) и Уваров. Оба
были воспитаны за границей; Нарышкин по-русски
почти вовсе не умел говорить, Уваров тоже весьма
плохо изъяснялся. Нарышкина Лермонтов прозвал
«французом» и не давал ему житья; Уварову также
была дана какая-то особенная кличка, которой не
припомню. Как скоро наступало время ложиться

спать, Лермонтов собирал товарищей в своей камере; один на другого садились верхом; сидящий кавалерист покрывал и себя и лошадь свою простыней, а в руке каждый всадник держал по стакану воды; эту конницу Лермонтов называл «Нумидийским эскадроном». Выжидали время, когда обреченные жертвы заснут, по данному сигналу эскадрон трогался с места в глубокой тишине, окружал постель несчастного и, внезапно сорвав с него одеяло, каждый выливал на него свой стакан воды. Вслед за этим действием кавалерия трогалась с правой ноги в галоп обратно в свою камеру. Можно себе представить испуг и неприятное положение страдальца, вымоченного с головы до ног и не имеющего под рукой белья для перемены.

Надобно при этом прибавить, что Нарышкин был очень добрый малый, и мы все его полюбили, так что эта жестокость не имела даже никакого основательного повода, за исключением разве того, что он был француз. Наша камера пришла в негодование от набегов нумидийской кавалерии, и в следующую ночь несколько человек из нас уговорились блистательно отомстить за нападение. Для этого мы притворились все спящими, и когда ничего не знавшие об этом заговоре нумидийцы собрались в комплект в нашу комнату, мы разом вскочили с кроватей и бросились на них. Кавалеристы принуждены были соскочить со своих лошадей, причем от быстроты этого драгунского маневра и себя и лошадей препорядочно облили водой, затем легкая кавалерия была изгнана со стыдом из нашей камеры. Попытки обливать наших новичков уже после этого не возобновлялись.

Александр Матвеевич Меринский:
Лермонтов был довольно силен, в особенности имел большую силу в руках, и любил состязаться

в том с юнкером Карачинским, который известен был по всей школе как замечательный силач — он гнул шомполы и делал узлы, как из веревок. Много пришлось за испорченные шомпола гусарских карабинов переплатить ему денег унтер-офицерам, которым поручено было сбережение казенного оружия. Однажды оба они в зале забавлялись подобными tours de force*, вдруг вошел туда директор школы, генерал Шлиппенбах. Каково было его удивление, когда он увидел подобные занятия юнкеров. Разгорячась, он начал делать им замечания: «Ну, не стыдно ли вам так ребячиться! Дети, что ли, вы, чтобы шалить?.. Ступайте под арест!» Их арестовали на одни сутки. После того Лермонтов презабавно рассказывал нам про выговор, полученный им и Карабчинским. «Хороши дети, — повторял он, — которые могут из железных шомполов вязать узлы!» — и при этом от души заливался громким смехом.

Александр Францевич Тиран:
В школу (старая юнкерская, теперешняя Школа гвардейских подпрапорщиков и юнкеров) мы поступали не моложе 17 лет, а доходило до 26; все из богатого дома, все лентяи, один Лермонтов учился отлично. У нас издавался журнал: «Школьная заря», главное участие в ней принимали двое: Лермонтов и Мартынов, который впоследствии так трагически разыграл жизнь Лермонтова. В них сказывался талант в обоих; в этой «Заре» помещены были многие пьесы, попавшие потом в печать: «Казначейша», «Демон»; но были и такие, которые остались между нами: «Петергофское гулянье», «Переход в лагери», отрывок которого я сказал в начале, и многие другие; между прочим «Юнкерская молитва»:

Отец небесный...

---

* Проявлениями силы (*франц.*).

Помню, раз сидим мы за обедом: подают говядину под соусом; Лермонтов выходит из себя, бросает вилку, нож с возгласом:

Всякий день одно и то же:
Мясо под хреном —
Тем же манером!

Мартынов писал прозу. Его звали homme féroce*: бывало, явится кто из отпуска поздно ночью: «Ух, как холодно!..» — «Очень холодно?» — «Ужасно». Мартынов в одной рубашке идет на плац, потом, конечно, болен. Или говорят: «А здоров такой-то! какая у него грудь славная». — «А разве у меня не хороша?» — «Все ж не так». — «Да ты попробуй, ты ударь меня по груди». — «Вот еще, полно», — «Нет, попробуй, я прошу тебя, ну ударь!..» — Его и хватят так, что опять болен на целый месяц.

Мы поступали не детьми, и случалось иногда явиться из отпуска с двумя бутылками под шинелью. Службу мы знали и исполняли, были исправны, а вне службы не стесняли себя. Все мы были очень дружны, историй у нас не было никаких. Раз подъезжаем я и Лермонтов на ординарцы, к в<еликому> к<нязю> Михаилу Павловичу; спешились, пока до нас очередь дойдет. Стоит перед нами казак — огромный, толстый; долго смотрел он на Лермонтова, покачал головою, подумал и сказал: «Неужто лучше этого урода не нашли кого на ординарцы посылать...» Я и рассказал это в школе — что же? Лермонтов взбесился на казака, а все-таки не на меня.

Александр Матвеевич Меринский:

Лермонтов не был из числа отъявленных шалунов, но любил иногда пошкольничать. По вечерам, когда бывали свободны от занятий, мы часто собирались

* Свирепый (зверский) человек (*франц.*).

вокруг рояля (который на зиму мы брали напрокат); на нем один из юнкеров, знавших хорошо музыку, аккомпанировал товарищам, певшим хором разные песни. Лермонтов немедленно присоединялся к поющим, прегромко запевал совсем иную песню и сбивал всех с такта; разумеется, при этом поднимался шум, хохот и нападки на Лермонтова. Певали иногда романсы и проч., которые для нашей забавы переделывал Лермонтов, применяя их к многим из наших юнкеров, как, например, стихотворение (ходившее тогда в рукописи), в котором говорится:

> Как в ненастные дни
> Собирались они
> Часто... и проч.

Названия этого стихотворения не помню, переделанное же Лермонтовым слишком нескромного содержания и в печати появиться не может. <...> Надо заметить, что вообще Лермонтов не любил давать другим списывать свои стихотворения, даже и читать, за исключением шутливых и не совсем скромных, появлявшихся в нашем рукописном журнале. Составителями нумеров этого журнала были все, желавшие и умевшие написать что-либо забавное в стихах или прозе для потехи товарищей. Выход этого школьного рукописного журнала (появлявшегося раз в неделю) недолго продолжался, и журнал скоро наскучил непостоянным повесам. <...> В юнкерской школе Лермонтов был хорош со всеми товарищами, хотя некоторые из них не очень любили его за то, что он преследовал их своими остротами и насмешками за все ложное, натянутое и неестественное, чего никак не мог переносить. Впоследствии и в свете он не оставил этой привычки, хотя имел за то много неприятностей и врагов. Между юнкерами он особенно дружен был с В. А. Вонлярлярским (известным беллетристом, автором

«Большой барыни» и проч.), которого любил за его веселые шутки. Своими забавными рассказами Вонлярлярский привлекал к себе многих. Бывало, в школе, по вечерам, когда некоторые из нас соберутся, как мы тогда выражались, «поболтать», рассказы Вонлярлярского были неистощимы; разумеется, при этом Лермонтов никому не уступал в остротах и веселых шутках.

Зимой, в начале 1834 года, кто-то из нас предложил издавать в школе журнал, конечно, рукописный. Все согласились, и вот как это было. Журнал должен был выходить один раз в неделю, по средам; в продолжение семи дней накоплялись статьи. Кто писал и хотел помещать свои сочинения, тот клал рукопись в назначенный для того ящик одного из столиков, находившихся при кроватях в наших каморах. Желавший мог оставаться неизвестным. По середам вынимались из ящика статьи и сшивались, составляя довольно толстую тетрадь, которая вечером в тот же день, при сборе всех нас, громко прочитывалась. При этом смех и шутки не умолкали. Таких нумеров журнала набралось несколько. Не знаю, что с ними сталось; но в них много было помещено стихотворений Лермонтова, правда, большею частью не совсем скромных и не подлежащих печати, как, например, «Уланша», «Праздник в Петергофе» и другие. «Уланша» была любимым стихотворением юнкеров; вероятно, и теперь, в нынешней школе, заветная тетрадка тайком переходит из рук в руки. Надо сказать, что юнкерский эскадрон, в котором мы находились, был разделен на четыре отделения: два тяжелой кавалерии, то есть кирасирские, и два легкой — уланское и гусарское. <...> В то время Лермонтов писал не одни шаловливые стихотворения; но только немногим и немногое показывал из написанного. Раз, в откровенном разговоре со мной, он мне рассказал план романа, который задумал писать прозой и три главы которого были тогда уже им написаны. Роман этот был из времен Екатерины II, основанный на истинном происшествии, по рассказам его бабушки. Не помню хорошо всего сюжета, помню только, что какой-то нищий играл значительную роль в этом романе; в нем также описывалась первая любовь, не вполне разделенная, и встреча одного из лиц романа с женщиной с сильным характером, что раз случилось и с самим поэтом в его ранней юности, как он мне сам о том рассказывал и о чем, кажется, намекает в одном месте записок Печорина.

Молодечество и гусарство

Александр Матвеевич Меринский:

Наконец, в исходе 1834 года, Лермонтов был произведен в корнеты в лейб-гвардии Гусарский полк и оставил юнкерскую школу. По производстве в офицеры он начал вести рассеянную и веселую жизнь, проводя время зимой в высшем кругу петербургского общества и в Царском Селе, в дружеских пирушках гусарских; летом — на ученьях и в лагере под Красным Селом, откуда один раз он совершил романическое путешествие верхом, сопровождая ночью своего товарища на одну из дач, лежащих по петергофской дороге. Путешествие это описано им в стихотворении «Монго» очень игриво, но не для печати.

Со слов Алексея Владимировича Васильева (1809–1895), *сослуживца Лермонтова с 1832 по 1837 г. В пересказе П. К. Мартьянова:*

Корнет Лермонтов первоначально был зачислен в 7-й эскадрон, а в 1835 году переведен в 4-й эскадрон. Служба в полку была не тяжелая, кроме лагерного времени или летних кампаментов по деревням, когда ученье производилось каждый день. На ученьях, смотрах и маневрах должны были находиться все числящиеся налицо офицеры. В остальное время служба обер-офицеров, не командовавших частями, ограничивалась караулом во дворце, дежурством в полку да случайными какими-либо нарядами. Поэтому большинство офицеров, не занятых службою, уезжало в С.-Петербург и оставалось там до наряда на службу. На случай экстренного же требования начальства в полку всегда находилось два-три обер-офицера из менее подвижных, которые и отбывали за товарищей службу, с зачетом очереди наряда в будущем. За Лермонтова отбывал службу большей частью Годеин, любивший его, как брата.

В праздничные же дни, а также в случаях каких-либо экстраординарных событий в свете, как-то: балов, маскарадов, постановки новой оперы или балета, дебюта приезжей знаменитости, — гусарские офицеры не только младших, но и старших чинов уезжали в Петербург и, конечно, не все возвращались в Царское Село своевременно. <...> Лермонтов жил с товарищами вообще дружно, и офицеры любили его за высоко ценившуюся тогда «гусарскую удаль». <...> Лошадей Лермонтов любил хороших и ввиду частых поездок в Петербург держал верховых и выездных. Его конь Парадер считался одним из лучших; он купил его у генерала Хомутова и заплатил более 1500 рублей, что, по тогдашнему времени, составляло на ассигнации около 6000 рублей. О резвости гусарских скакунов можно судить по следующему рассказу Д. А. Столыпина. Во время известной поездки Лермонтова с А. А. Столыпиным на дачу балерины Пименовой, близ Красного кабачка, воспетой Михаилом Юрьевичем в поэме «Монго», когда друзья на обратном пути только что выдвинулись на петергофскую дорогу, вдали показался возвращающийся из Петергофа в Петербург в коляске четверкою великий князь Михаил Павлович. Ехать ему навстречу значило бы сидеть на гауптвахте, так как они уехали из полка без спросу. Не долго думая, они повернули назад и помчались по дороге в Петербург, впереди великого князя. Как ни хороша была четверка великокняжеских коней, друзья ускакали и, свернув под Петербургом в сторону, рано утром вернулись к полку благополучно. Великий князь не узнал их, он видел только двух впереди его ускакавших гусар, но кто именно были эти гусары, рассмотреть не мог, и поэтому, приехав в Петербург, послал спросить полкового командира: все ли офицеры на ученье? «Все», — отвечал генерал Хомутов; и действительно, были все, так как друзья прямо с дороги отправились на ученье. Гроза миновала благодаря резвости гусарских скакунов.

В Гусарском полку, по рассказу графа Васильева, было много любителей большой карточной игры и гомерических попоек с огнями, музыкой, женщинами и пляской. У Герздорфа, Бакаева и Ломоносова велась постоянная игра, проигрывались десятки тысяч, у других — тысячи бросались на кутежи. Лермонтов бывал везде и везде принимал участие, но сердце его не лежало ни к тому, ни к другому. Он приходил, ставил несколько карт, брал или давал, смеялся и уходил. О женщинах, приезжавших на кутежи из С.-Петербурга, он говаривал: «Бедные, их нужда к нам загоняет», или: «На что они нам? у нас так много достойных любви женщин». Из всех этих шальных удовольствий поэт более всего любил цыган. В то время цыгане в Петербурге только что появились. Их привез из Москвы знаменитый Илья Соколов, в хоре которого были первые по тогдашнему времени певицы: Любаша, Стеша, Груша и другие, увлекавшие не только молодежь, но и стариков на безумные с ними траты. Цыгане, по приезде из Москвы, первоначально поселились в Павловске, где они в одной из слободок занимали несколько домов, а затем уже, с течением времени, перебрались и в Петербург. Михаил Юрьевич частенько наезжал с товарищами к цыганам в Павловск, но и здесь, как во всем, его привлекал не кутеж, а их дикие разудалые песни, своеобразный быт, оригинальность типов и характеров, а главное, свобода, которую они воспевали в песнях и которой они были тогда единственными провозвестниками. Все это он наблюдал и изучал и возвращался домой почти всегда довольный проведенным у них временем.

Виктор Петрович Бурнашёв:

— А вот, брат Синицын, — говорил Юрьев, — ты, кажется, не знаешь о нашей юнкерско-офицерской проделке на Московской заставе в первый год, то есть в тысяча восемьсот тридцать пятом году, нашего с Лермонтовым производства в офицеры. Проделка эта названа была нами, и именно Лермонтовым, *всенародною энциклопедиею имен.*

— Нет, не знаю, — отозвался Синицын, — расскажи, пожалуйста

— Раз как-то Лермонтов зажился на службе дольше обыкновенного, — начал Юрьев, — а я был в городе, приехав, как водится, из моей скучной Новгородской стоянки. Бабушка соскучилась без своего Мишеля, пребывавшего в Царском и кутившего там напропалую в веселой компании. Писано было в Царское; но Майошка и ухом не вел, все никак не приезжал. Наконец решено его было оттуда притащить в Петербург bon gré, mal gré*. В одно прекрасное февральское утро честной масленицы я, по желанию бабушки, распорядился, чтоб была готова

---

* Хочет не хочет (*франц.*).

извозчичья молодецкая тройка с пошевнями, долженствовавшая мигом доставить меня в Царское, откуда решено было привезти le déserteur*, который, масленица на исходе, не пробовал еще у бабушки новоизобретенных блинов ее повара Тихоныча, да к тому же и прощальные дни близки были, а Мишенька все в письмах своих уверяет, что он штудирует в манеже службу царскую, причем всякий раз просит о присылке ему малых толик деньжат. В деньжатах, конечно, отказа никогда не было; но надобно же, в самом деле, и честь знать. Тройка моя уже была у подъезда, как вдруг швейцарский звон объявляет мне гостей, и пять минут спустя ко мне вваливается с смехом и грохотом и cliquetis des armes**, как говорит бабушка, честная наша компания, предводительствуемая Костей Булгаковым, тогда еще подпрапорщиком Преображенского полка, а с ним подпрапорщик же лейб-егерь Гвоздев да юнкер лейб-улан Меринский. Только что они явились, о чем узнала бабушка, тотчас явился к нам завтрак с блинами изобретения Тихоныча и с разными другими масленичными снадобьями, а бабушкин камердинер, взяв меня в сторону, почтительнейше донес мне по приказанию ее превосходительства Елизаветы Алексеевны, что не худо бы мне ехать за Михаилом Юрьевичем с этими господами, на какой конец явится еще наемная тройка с пошевнями. Предложение это принято было, разумеется, с восхищением и увлечением, и вот две тройки с нами четырьмя понеслись в Царское Село. Когда мы подъехали к заставе, то увидели, что на офицерской гауптвахте стоят преображенцы, и караульным офицером — один из наших недавних однокашников, князь Н*****, веселый и добрый малый, который, увидев

---

* Беглеца (*франц.*).
** Бряцанием оружия (*франц.*).

между нами Булгакова, сказал ему: «Когда вы будете ехать все обратно в город, то я вас, господа, не пропущу через шлагбаум, ежели Костя Булгаков не в своем настоящем виде, то есть на шестом взводе, как ему подобает быть». Мы, хохоча, дали слово, что не один Булгаков, а вся честная компания с прибавкою двух-трех гусар, будет проезжать в самом развеселом, настоящем масленичном состоянии духа, а ему представит честь и удовольствие наслаждаться в полной трезвости обязанностями службы царю и отечеству. В Царском мы застали у Майошки пир горой и, разумеется, всеми были приняты с распростертыми объятиями, и нас принудили, впрочем, конечно, не делая больших усилий для этого принуждения, принять участие в балтазаровой пирушке, кончившейся непременною жженкой, причем обнаженные гусарские сабли играли не последнюю роль, служа усердно своими невинными лезвиями вместо подставок для сахарных голов, облитых ромом и пылавших великолепным синим огнем, поэтически освещавшим столовую, из которой эффекта ради были вынесены все свечи и карсели. Эта поэтичность всех сильно воодушевила и настроила на стихотворный лад. Булгашка сыпал французскими стишонками собственной фабрикации, в которых перемешаны были les rouges hussards, les bleus lanciers, les blancs chevaliers gardes, les magnifiques grenadiers, les agiles chasseurs* со всяким невообразимым вздором вроде Mars, Paris, Apollon, Henri IV, Louis XIV, la divine Natascha, la suave Lisette, la succulente Georgette** и прочее, а Майошка изводил карандаши, которые я ему починивал, и соорудил в стихах застольную песню в самом что ни есть

---

* Красные гусары, голубые уланы, белые кавалергарды, великолепные гренадеры, проворные егеря (*франц.*).

** Марс, Парис, Аполлон, Генрих IV, Людовик XIV, божественная Наташа, нежная Лизетта, аппетитная Жоржетта (*франц.*).

скарроновском роде, и потом эту песню мы пели громчайшим хором, так что, говорят, безногий царскосельский бессильно встревожился в своей придворной квартире и, не зная, на ком сорвать свое отчаяние, велел отпороть двух или трех дворцовых истопников; словом, шла «гусарщина» на славу. Однако нельзя же было не ехать в Петербург и непременно вместе с Мишей Лермонтовым, что было условием бабушки sine qua non*. К нашему каравану присоединилось еще несколько гусар, и мы собрались, решив взять с собою на дорогу корзину с полокороком, четвертью телятины, десятком жареных рябчиков и с добрым запасом различных ликеров, ратафий, бальзамов и дюжиною шампанской искрометной влаги, никогда Шампаньи, конечно, не видавшей. Перед выездом заявлено было Майошкой предложение дать на заставе оригинальную записку о проезжающих, записку, в которой каждый из нас должен был носить какую-нибудь вымышленную фамилию, в которой слова «дурак», «болван», «скот» и пр. играли бы главную роль с переделкою характеристики какой-либо национальности. Булгаков это понял сразу и объявил за себя, что он marquis de Gloupignon (маркиз Глупиньон). Его примеру последовали другие, и явились: дон Скотилло, боярин Болванешти, фанариот Мавроглупато, лорд Дураксон, барон Думшвейн, пан Глупчинский, синьор Глупини, паныч Дураленко и, наконец, чистокровный российский дворянин Скот Чурбанов. Последнюю кличку присвоил себе Лермонтов. Много было хохота по случаю этой, по выражению Лермонтова, «всенародной энциклопедии фамилий». На самой середине дороги вдруг наша бешеная скачка была остановлена тем, что упал коренник одной из четырех троек, говорю четырех, потому что к нашим

* Обязательным (*лат.*).

двум в Царском присоединилось еще две тройки гусар. Кучер объявил, что надо «сердечного» распречь и освежить снегом, так как у него «родимчик». Не бросить же было коня на дороге, и мы порешили остановиться и воспользоваться каким-то торчавшим на дороге балаганом, местом, служившим для торговли, а зимою пустым и остающимся без всякого употребления. При содействии свободных ямщиков и кучеров мы занялись устройством балагана, то есть разместили там разные доски, какие нашли, на поленья и снарядили что-то вроде стола и табуретов. Затем зажгли те фонари, какие были с нами, и приступили к нашей корзине, занявшись содержанием ее прилежно, впрочем, при помощи наших возниц, кушавших и пивших с увлечением. Тут было решено в память нашего пребывания в этом балагане написать на стене его, хорошо выбеленной, углем все наши псевдонимы, но в стихах, с тем чтоб каждый написал один стих. Нас было десять человек, и написано было десять нелепейших стихов, из которых я помню только шесть; остальные четыре выпарились из моей памяти, к горю потомства, потому что, когда я летом того же года хотел убедиться, существуют ли на стене балагана наши стихи, имел горе на деле сознать тщету славы: их уничтожила новая штукатурка в то время, когда балаган, пустой зимою, сделался временно лавочкою летом.

> Гостьми был полон балаган,
> Болванешти, Молдаван,
> Стоял с осанкою воинской;
> Болванопуло было Грек,
> Чурбанов, русский человек,
> Да был еще Поляк Глупчинский.

— Таким образом, — продолжал Юрьев, — ни испанец, ни француз, ни хохол, ни англичанин, ни итальянец в память мою не попали и исчезли для истории. Когда мы на гауптвахте, в два почти часа ночи, предъявили караульному унтер-офицеру нашу шуточную записку, он имел вид почтительного недоумения, глядя на красные гусарские офицерские фуражки; но кто-то из нас, менее других служивших Вакху (как говаривали наши отцы), указал служивому оборотную сторону листа, где все наши фамилии и ранги, правда, не выше корнетского, были ясно прописаны.

«Но все-таки, — кричал Булгаков, — непременно покажи записку караульному офицеру и скажи ему, что французский маркиз был на шестом взводе». — «Слушаю, ваше сиятельство, — отвечал преображенец и крикнул караульному у шлагбаума: — Бомвысь!» И мы влетели в город, где вся честная компания разъехалась по квартирам, а Булгаков ночевал у нас. Утром он пресерьезно и пренастоятельно уверял бабушку, добрейшую старушку, не умеющую сердиться на наши проказы, что он весьма действительно маркиз де Глупиньон.

Александр Францевич Тиран:
Мы вышли в один полк. Веселое то было время. Денег много, жизнь копейка, все между собою дружны... Или, случалось, сидишь без денег; ну после того, как заведутся каких-нибудь рублей 60 ассигнациями, обед надо дать — как будто на 60 рублей и в самом деле это возможно. Вот так-то случилось раз и со мною: «Ну, говорю, Монго, надо кутнуть». Пригласили мы человек десять, а обед на двенадцать. Собираются у меня: стук, шум... «А я, — говорит Монго, — еще двух пригласил». — «Как же быть? и я двух позвал». Смотрим, приходят незваные — «Беда!» Является Лермонтов — всего человек уж с двадцать. Видим, голод угрожает всем нам. Монго подходит к Лермонтову: «Вас кто пригласил?»

— Меня?! (а он буян такой). Мне везде место, где есть гусары, — и с громом садится.

— Нет, позвольте: кто вас пригласил?.. — Ему же самому есть ужасно хочется.

Ну, конечно, всем достало, все были сыты: дамы и не гнались за обедом, а хотели общества...

Михаил Иванович Цейдлер (1816–1892), *соученик Лермонтова по Школе гвардейских подпрапорщиков, впоследствии сослуживец, близкий товарищ поэта:*
Восемнадцатого февраля 1838 года командирован был я в отдельный Кавказский корпус, в числе прочих офицеров Гвардейского корпуса, для принятия участия в военных действиях против горцев. <...>
По пути заехал я в полк проститься с товарищами и покончить с мелкими долгами, присущими всякому офицеру. Пробыв в полку сутки и распростившись со всеми, я отправился уже окончательно в дальний путь. Товарищи, однако, непременно вздумали устроить, по обычаю, проводы. Хор трубачей отправлен был вперед, а за ним моя кибитка и длинная вереница саней с товарищами покатила к Спасской Полести, то есть на станцию Московского шоссе, в десяти верстах от полка. Станционный дом помещался в длинном каменном одноэтажном строении, похожем на огромный сундук. Уже издали видно было, что это казенное здание времен аракчеевских: оно более походило на казарму, хотя и носило название дворца. Все комнаты, не исключая так называемой царской половины, были блистательно освещены. Хор трубачей у подъезда встретил нас полковым маршем, а в большой комнате накрыт был стол, обильно уставленный всякого рода напитками. Меня усадили, как виновника прощальной пирушки, на почетное место. Не теряя времени, начался ужин, чрезвычайно оживленный. Веселому расположению духа много способствовало то обстоятель-

ство, что товарищ мой и задушевный приятель Михаил Юрьевич Лермонтов, входя в гостиную, устроенную на станции, скомандовал содержателю ее, почтенному толстенькому немцу, Карлу Ивановичу Грау, немедленно вставить во все свободные подсвечники и пустые бутылки свечи и осветить, таким образом, без исключения все окна. Распоряжение Лермонтова встречено было сочувственно, и все в нем приняли участие; вставлялись и зажигались свечи; смех, суета сразу расположили к веселью. Во время ужина тосты и пожелания сопровождались спичами и экспромтами. Один из них, сказанный нашим незабвенным поэтом Михаилом Юрьевичем, спустя долгое время потом, неизвестно кем записанный, попал даже в печать. Экспромт этот имел для меня и отчасти для наших товарищей особенное значение, заключая в конце некоторую, понятную только нам, игру слов. Вот он:

> Русский немец белокурый
> Едет в дальнюю страну,
> Где косматые гяуры
> Вновь затеяли войну.
> Едет он, томим печалью,
> На могучий пир войны;
> Но иной, не бранной, *сталью*
> Мысли юноши полны.

Само собою разумеется, что ужин кончился обильным излиянием чувств и вина. Предшествуемый снова хором полковых трубачей, несомый товарищами до кибитки, я был наконец уложен в нее, и тройка в карьер умчала меня к Москве.

Не помню, в каком-то городе, уже днем, разбудил меня человек, предложив напиться чайку. Очнувшись наконец, я немало был удивлен, когда увидел, что кругом меня лежали в виде гирлянды бутылки с шампанским: гусарская хлеб-соль на дорогу.

Петр Кузьмич Мартьянов (1827–1899), *писатель, биограф М. Ю. Лермонтова:*

Лермонтов тоже играл, но редко, с соблюдением известного расчета и выше определенной для проигрыша нормы не зарывался. Однажды даже была у него игра в квартире. Весь лермонтовский кружок, несколько товарищей кавказцев и два-три петербургских туза, собрались в один из прелестных июньских вечеров и от нечего делать метнули банчишко. В. И. Чиляев был тоже в числе приглашенных, и вот что записал он об этом вечере: «Я не играл, но следил за игрою. Метали банк по желанию. Если банк разбирали или срывали, банкомет оставлял свое место и садился другой. Игра шла оживленная, но не большая: ставились рубли и десятки, сотни редко. Лермонтов понтировал. Весьма хладнокровно ставил он понтерки, гнул и загибал: „на пе“, „углы“ и „транспорты“, и примазывал „куши“. При проигрыше бросал карты и отходил. Потом, по прошествии некоторого времени, опять подходил к столу и опять ставил. Но ему вообще в этот вечер не везло. Около полуночи банк метал подполковник Лев Сергеевич Пушкин, младший брат поэта А. С. Пушкина, бывший в то время на водах. Проиграв ему несколько ставок, Лермонтов вышел на балкон, где сидели в то время не игравшие в карты князь Владимир Сергеевич Голицын, с которым еще поэт не расходился в то время, князь Сергей Васильевич Трубецкой, Сергей Дмитриевич Безобразов, доктор Барклай-де-Толли, Глебов и др., перекинулся с ними несколькими словами, закурил трубку и, подойдя к Столыпину, сказал ему: „Достань, пожалуйста, из шкатулки старый бумажник!“ Столыпин подал. Лермонтов взял новую колоду карт, стасовал и, выброся одну, накрыл ее бумажником и с увлечением продекламировал:

В игре, как лев, силен
Наш Пушкин Лев,
Бьет короля бубен,
Бьет даму треф.
Но пусть всех королей
И дам он бьет:
„Ва-банк!“ — и туз червей
Мой — банк сорвет!

Все маленькое общество, бывшее в тот вечер у Лермонтова, заинтересовалось ставкой и окружило стол. Возгласы умолкли, все с напряженным вниманием следили и ждали выхода туза. Банкомет медленно и неуверенно метал. Лермонтов курил трубку и пускал большие клубы дыма. Наконец возглас „бита!“ разрешил состязание в пользу Пушкина. Лермонтов махнул рукой и, засмеявшись, сказал: „Ну, так я, значит, в дуэли счастлив!“ Несколько мгновений продолжалось молчание, никто не нашелся сказать двух слов по поводу легкомысленной коварности червонного туза, только Мартынов, обратившись к Пушкину и ударив его по плечу рукой, воскликнул: „Счастливчик!“ Между тем Михаил Юрьевич, сняв с карты бумажник, спросил банкомета: „Сколько в банке?“ — и пока тот подсчитывал банк, он стал отпирать бумажник. Это был старый сафьянный коричневого цвета бумажник, с серебряным в полуполтинник замком с нарезанным на нем циферблатом из десяти цифр, на одну из которых, по желанию, замок запирался. Повернув раза два-три механизм замка и видя, что он не отпирается, Лермонтов с досадой вырвал клапан, на котором держался запертый в замке стержень, вынул деньги, швырнул бумажник под диван и, поручив Столыпину рассчитаться с банкометом, вышел к гостям, не игравшим в карты, на балкон. Игра еще некоторое время продолжалась, но как-то неохотно и вяло, и скоро прекратилась совсем. Стали накрывать стол.

Лермонтов, как ни в чем не бывало, был весел, переходил от одной группы гостей к другой, шутил, смеялся и острил. Подойдя к Глебову, сидевшему в кабинете в раздумье, он сказал:

> Милый Глебов,
> Сродник Фебов,
> Улыбнись.
> Но на Наде,
> Христа ради,
> Не женись!

А Мартынова, жаловавшегося на жару, подарил таким экспромтом:

> Скинь бешмет свой, друг Мартыш,
> Распояшься, сбрось кинжалы,
> Вздень броню, возьми бердыш
> И блюди нас, как хожалый!

Когда сели за стол, князь С. В. Трубецкой повел разговор на тему „о пире жизни" и высказал мысль, что пир этот надо уметь продолжить как можно долее и окончить, когда вино все будет выпито. Лермонтов покрутил ус и ответил на это:

> Смело в пире жизни надо
> Пить фиал свой до конца,
> Но лишь в битве смерть — награда,
> Не под стулом, для бойца».

Михаил Николаевич Лонгинов:
Лермонтов был очень плохой служака, в смысле фронтовика и исполнителя всех мелочных подробностей в обмундировании и исполнений обязанностей тогдашнего гвардейского офицера. Он частенько сиживал в Царском Селе на гауптвахте, где я его иногда навещал. Между прочим, помню, как однажды он жестоко приставал к арестованному вме-

сте с ним лейб-гусару покойному Владимиру Дмитриевичу Бакаеву (ум. в 1871 г.). Весною 1839 года Лермонтов явился к разводу с маленькою, чуть-чуть не игрушечною детскою саблею при боку, несмотря на присутствие великого князя Михаила Павловича, который тут же арестовал его за это, велел снять с него эту саблю и дал поиграть ею маленьким великим князьям Николаю и Михаилу Николаевичам, которых привели смотреть на развод. В августе того же года великий князь за неформенное шитье на воротнике и обшлагах вицмундира послал его под арест прямо с бала, который давали в ротонде царскосельской китайской деревни царскосельские дамы офицерам расположенных там гвардейских полков (лейб-гусарского и кирасирского), в отплату за праздники, которые эти кавалеры устраивали в их честь. Такая нерадивость причитывалась к более крупным проступкам Лермонтова и не располагала начальство к снисходительности в отношении к нему, когда он в чем-либо попадался.

Петр Кузьмич Мартьянов:
Иногда по утрам Лермонтов уезжал на своем лихом Черкесе за город, уезжал рано и большей частью вдруг, не предуведомив заблаговременно никого: встанет, велит оседлать лошадь и умчится один. Он любил бешеную скачку и предавался ей на воле с какой-то необузданностью. Ничто не доставляло ему большего удовольствия, как головоломная джигитовка по необозримой степи, где он, забывая весь мир, носился как ветер, перескакивая с ловкостью горца через встречавшиеся на пути рвы, канавы и плетни. Но при этом им руководила не одна только любительская страсть к езде, он хотел выработать из себя лихого наездника-джигита, в чем неоспоримо и преуспел, так как все товарищи его, кавалеристы, знатоки верховой езды, признавали и высоко

ценили в нем столь необходимые, по тогдашнему времени, качества бесстрашного, лихого и неутомимого ездока-джигита. Знакомые дамы приходили в восторг от его удали и неустрашимости, когда он, сопровождая их на прогулках в кавалькадах, показывал им «высшую школу» наездничества, а верзилинские грации (дочери П. С. Верзилина, наказного атамана Кавказского линейного войска в Пятигорске. — *Сост.*) не раз даже рукоплескали, когда он, проезжая мимо, перед их окнами, ставил на дыбы своего Черкеса и заставлял его чуть не плясать «лезгинку».

Демонъ.

(писано въ пансіонѣ въ начат. 1830 года)

1.

Печальный Демонъ духъ изгнанья
Блуждалъ подъ сводомъ голубымъ
И лучшихъ дней воспоминанья
Предъ нимъ тѣснилися толпою

Поэма «Демон»

Аким Павлович Шан-Гирей:

По выпуске из пансиона Мишель поступил в Московский университет, кажется, в 1831 году. К этому времени относится начало его поэмы «Демон», которую так много и долго он впоследствии переделывал; в первоначальном виде ее действие происходило в Испании и героиней была монахиня; также большая часть его произведений с байроническим направлением и очень много мелких, написанных по разным случаям, так как он, с поступлением в университет, стал посещать московский grand-monde*.

Со слов Дмитрия Аркадьевича Столыпина (1818–1893), *младшего брата А. А. Столыпина (Монго), секунданта Лермонтова в дуэли с Барантом. В пересказе П. К. Мартьянова:*

Рукопись «Демона» переписана начисто Лермонтовым собственноручно, еще на Кавказе. Это была тетрадь большого листового формата, сшитая из дес-

146   * Большой свет (*франц.*).

ти обыкновенной белой писчей бумаги и перегнутая сверху донизу надвое. Текст поэмы написан четко и разборчиво, без малейших поправок и перемарок на правой стороне листа, а левая оставалась чистою. Автограф этот поэт приготовил и привез с собою в Петербург, в начале 1841 года, для доставления удовольствия бабушке Елизавете Алексеевне Арсеньевой прочитать «Демона» лично, за что она и сделала предупредительному внуку хороший денежный подарок. «Демон» читался неоднократно в гостиной бабушки, в интимном кружке ее друзей, и в нем тут же, когда поэт собирался отвезти рукопись к А. А. Краевскому, для снятия копии и набора в типографии, по настоянию А. Н. Муравьева, отмечен был чертою сбоку, как не отвечающий цензурным условиям тогдашнего времени, диалог Тамары с Демоном: «Зачем мне знать твои печали?» Рукопись «Демона» поэт еще раз просмотрел и исправил, когда ее потребовали для прочтения ко двору. Сделанные поэтом исправления были написаны на левой чистой стороне тетради, а замененные места в тексте зачеркнуты. Диалог Тамары с Демоном, и после последнего исправления, поэтом замаран не был, и хотя из копии, представленной для прочтения высоким особам, исключен, но в рукописи остался незамаранным, и напечатан в карлсруэском издании поэмы 1857 года, следовательно, к числу отбросов, как уверяет г-н Висковатов, отнесен быть не может. У Краевского «Демона» читал поэт сам, но не всю поэму, а только некоторые эпизоды, вероятно, вновь написанные. При чтении присутствовало несколько литераторов, и поэму приняли восторженно. Но относительно напечатания ее поэт и журналист высказались противоположно. Лермонтов требовал напечатать всю поэму сразу, а Краевский советовал напечатать эпизодами в нескольких книжках. Лермонтов говорил, что поэма, разбитая на отрывки, надлежащего впечатления не произведет, а Краевский возражал, что она зато пройдет полнее. Решили послать в цензуру всю поэму, которая, при посредстве разных влияний, хотя и с большими помарками, но была к печати дозволена. <...> Поэму не одобрили В. А. Жуковский и П. А. Плетнёв, как говорили, потому, что поэт не был у них на поклоне. Князь же Вяземский, князь Одоевский, граф Соллогуб, Белинский и многие другие литераторы хвалили поэму и предсказывали ей большой успех в обществе. Слава поэмы распространилась, когда список с нее был представлен, через А. И. Философова, ко двору. Ее стали читать в салонах великосветских дам и в кабинетах сановных меценатов, где она до высылки поэта на Кавказ и пользовалась большим фавором. Недаром еще Шиллер говорил: «Искусство — роскошный цветок, растущий для людского блага и счастия».

Из тогдашних разговоров и отзывов о поэме Дмитрий Аркадьевич припомнил следующее.

— Скажите, Михаил Юрьевич, — спросил поэта князь В. Ф. Одоевский, — с кого вы списали вашего Демона?

— С самого себя, князь, — отвечал шутливо поэт, — неужели вы не узнали?

— Но вы не похожи на такого страшного протестанта и мрачного соблазнителя, — возразил князь недоверчиво.

— Поверьте, князь, — рассмеялся поэт, — я еще хуже моего Демона. — И таким ответом поставил князя в недоумение: верить ли его словам или же смеяться его ироническому ответу. Шутка эта кончилась, однако, всеобщим смехом. Но она дала повод говорить впоследствии, что поэма «Демон» имеет автобиографический характер. <...>

Княгиня М. А. Щербатова, после чтения у ней поэмы, сказала Лермонтову:

— Мне ваш Демон нравится: я бы хотела с ним опуститься на дно морское и полететь за облака.

А красавица М. П. Соломирская, танцуя с поэтом на одном из балов, говорила:

— Знаете ли, Лермонтов, я вашим Демоном увлекаюсь... Его клятвы обаятельны до восторга... Мне кажется, я бы могла полюбить такое могучее, властное и гордое существо, веря от души, что в любви, как в злобе, он был бы действительно неизменен и велик.

Вот как встречал свет не кающегося «грешника», а протестанта и соблазнителя «Демона». Но при дворе «Демон» не стяжал особой благосклонности. По словам А. И. Философова, высокие особы, которые удостоили поэму прочтения, отозвались так: «Поэма — слов, нет, хороша, но сюжет ее не особенно приятен. Отчего Лермонтов не пишет в стиле „Бородина“ или „Песни про царя Ивана Васильевича“?» Великий же князь Михаил Павлович, отличавшийся, как известно, остроумием, возвращая поэму, сказал:

— Были у нас итальянский Вельзевул, английский Люцифер, немецкий Мефистофель, теперь явился русский Демон, значит, нечистой силы прибыло. Я только никак не пойму, кто кого создал: Лермонтов ли — духа зла или же дух зла — Лермонтова?

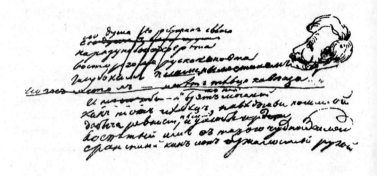

«Смерть поэта»

Со слов Алексея Владимировича Васильева. *В пересказе П. К. Мартьянова:*

Граф Васильев жил в то время в Царском Селе на одной квартире с поручиком Гончаровым, родным братом Натальи Николаевны, супруги А. С. Пушкина. Через него он познакомился с поэтом и бывал у него впоследствии нередко. <...>

Он, по словам графа Васильева, не был лично знаком с Лермонтовым, но знал о нем и восхищался его стихами.

— Далеко мальчик пойдет, — говорил он.

Между тем некоторые гусары были против занятий Лермонтова поэзией. Они находили это несовместимым с достоинством гвардейского офицера.

— Брось ты свои стихи, — сказал однажды Лермонтову любивший его более других полковник Ломоносов, — государь узнает, и наживешь ты себе беды!

— Что я пишу стихи, — отвечал поэт, — государю известно было, еще когда я был в юнкерской школе, через великого князя Михаила Павловича, и вот, как видите, до сих пор никаких бед я себе не нажил.

— Ну, смотри, смотри, — грозил ему шутя старый гусар, — не зарвись, куда не следует.

— Не беспокойтесь, господин полковник, — отшучивался Михаил Юрьевич, делая серьезную мину, — сын Феба не унизится до самозабвения.

Когда последовал приказ о переводе Лермонтова за стихи «На смерть А. С. Пушкина» на Кавказ, в Нижегородский драгунский полк, офицеры лейб-гвардии Гусарского полка хотели дать ему прощальный обед по подписке, но полковой командир не разрешил, находя, что подобные проводы могут быть истолкованы как протест против выписки поэта из полка.

Аким Павлович Шан-Гирей:

Через Раевского Мишель познакомился с А. А. Краевским, которому отдавал впоследствии свои стихи для помещения в «Отечественных записках». Раевский имел верный критический взгляд, его замечания и советы были не без пользы для Мишеля, который, однако же, все еще не хотел печатать свои произведения, и имя его оставалось неизвестно большинству публики, когда в январе 1837 года мы все были внезапно поражены слухом о смерти Пушкина. Современники помнят, какое потрясение известие это произвело в Петербурге. Лермонтов не был лично знаком с Пушкиным, но мог и умел ценить его. Под свежим еще влиянием истинного горя и негодования, возбужденного в нем этим святотатственным убийством, он, в один присест, написал несколько строф, разнесшихся в два дня по всему городу. С тех пор всем, кому дорого русское слово, стало известно имя Лермонтова.

Стихи эти были написаны с эпиграфом из неизданной трагедии г-на Жандра «Венцеслав»:

Отмщенья, государь! Отмщенья!
Паду к ногам твоим,
Будь справедлив и накажи убийцу,
Чтоб казнь его в позднейшие века
Твой правый суд потомству возвестила,
Чтоб видели злодеи в ней пример.

151

Не привожу самих стихов, так как они уже напечатаны вполне. <...>

Нетрудно представить себе, какое впечатление строфы «На смерть Пушкина» произвели в публике, но они имели и другое действие. Лермонтова посадили под арест в одну из комнат верхнего этажа здания Главного штаба, откуда он отправился на Кавказ прапорщиком в Нижегородский драгунский полк.

Виктор Петрович Бурнашёв. *По записям 1837 г.:*

— А теперь, Юрьев, — приставал Синицын, — идем к цели: расскажи нам всю суть происшествия со стихами, которые были причиною, что наш «Майошка» из лейб-гусаров так неожиданно попал в нижегородские драгуны тем же чином, то есть из попов в дьяконы, как говорится.

— К твоим услугам, — отозвался Юрьев, закуривая трубку на длинном чубуке <...>.

— Дело было так, — продолжал Юрьев, затянувшись и обдав нас густым облаком ароматного дыма. — Как только Пушкин умер, Лермонтов, как и я, как я думаю, все мы, люди земли не немецкой, приверженец и обожатель поэзии Пушкина, имел случай, незадолго до этой роковой катастрофы, познакомиться лично с Александром Сергеевичем, и написал известное теперь почти всей России стихотворение на смерть Пушкина, стихотворение, наделавшее столько шума и, несмотря на то что нигде не напечатанное, поставившее вдруг нашего школьного поэта почти в уровень с тем, кого он в своих великолепных стихах оплакивал. Нам говорили, что Василий Андреевич Жуковский относился об этих стихах с особенным удовольствием и признал в них не только зачатки, но все проявление могучего таланта, а прелесть и музыкальность версификации признаны были знатоками явлением замечательным, из ряду вон. Князь Владимир Федорович Одоевский сказал в разговоре с бабушкой, где-то в реюньоне*, что многие выражают только сожаление о том, зачем энергия мысли в этом стихотворении не довольно выдержана, чрез что заметна та резкость суждений, какая слишком рельефирует самый возраст автора. Говорят (правда ли, нет ли, не знаю), это не что иное, как придворное повторение мнения самого императора, прочитавшего стихи со вниманием и сказавшего будто бы: «Этот, чего доброго, заменит России Пушкина!» На днях, еще до катастрофы за прибавочные стихи, наш Шлиппенбах был у бабушки и рассказывал ей, что его высочество великий князь Михаил Павлович отозвался в разговоре с ним о Лермонтове так: «Ce poète en herbe va donner de beaux fruits»**. А потом, смеясь, прибавил: «Упеку ж его на гауптвахту, ежели он взводу вздумает в стихах командовать, чего доброго!» В большом свете вообще выражалось сожаление только о том, что автор стихов слишком будто бы резко отозвался о Дантесе, выставив его не чем иным, как искателем приключений и почти chevalier d'industrie***.

За этого Дантеса весь наш бомонд, особенно же юбки. Командир лейб-гусаров, Х<омутов> за большим званым ужином сказал, что, не сиди Дантес на гауптвахте и не будь он вперед назначен к высылке за границу с фельдъегерем, кончилось бы тем, что как Пушкин вызвал его, так он вызвал бы Лермонтова за эти «ругательные стихи». А по правде, что в них ругательного этому французишке, который срамил собою и гвардию, и первый гвардейский кавалерийский полк, в котором числился?

---

* В обществе (от *франц.* réunion).
** Этот начинающий поэт обещает многое (*франц.*).
*** Авантюристом (*франц.*).

— Правду сказать, — заметил Синицын, — я насмотрелся на этого Дантесишку во время военного суда. Страшная французская бульварная сволочь с смазливой только рожицей и с бойким говором. На первый раз он не знал, какой результат будет иметь суд над ним, думал, что его, без церемонии, расстреляют и в тайном каземате засекут казацкими нагайками. Дрянь! Растерялся, бледнел, дрожал. А как проведал чрез своих друзей, в чем вся суть-то, о! тогда поднялся на дыбы, захорохорился, черт был ему не брат, и осмелился даже сказать, что таких версификаторов, каким был Пушкин, в его Париже десятки. Ведь вы, господа, все меня знаете за человека миролюбивого, недаром великий князь, с первого раза, окрестил меня «кормилицей Лукерьей»; но, ей-богу, будь этот французишка не подсудимый, а на свободе, — я так и дал бы ему плюху за его нахальство и за презрение к нашему хлебу-соли.

— Ну, вот же видишь, — подхватил с живостью Юрьев, — уж на что ты, Синицын, кроток и добр, а и ты хотел этого фанфарона наказать. После этого чего мудреного, что такой пламенный человек, как Лермонтов, не на шутку озлился, когда до него стали справа и слева доходить слухи о том, что в высшем нашем обществе, которое русское только по названию, а не в душе и не на самом деле, потому что оно вполне офранцужено от головы до пяток, идут толки о том, что в смерти Пушкина, к которой все эти сливки высшего общества относятся крайне хладнокровно, надо винить его самого, а не те обстоятельства, в которые он был поставлен, не те интриги великосветскости, которые его доконали, раздув пламя его и без того всепожирающих страстных стремлений. Все это ежедневно раздражало Лермонтова, и он, всегда такой почтительный к бабушке нашей, раза два с трудом сдерживал себя, когда старушка говорила при нем, что покойный Александр Сергеевич не в свои сани сел и, севши в них, не умел ловко управлять своенравными лошадками, мчавшими его и намчавшими, наконец, на тот сугроб, с которого одна дорога была только в пропасть. С старушкой нашей Лермонтов, конечно, не спорил, а только кусал ногти и уезжал со двора на целые сутки. Бабушка заметила это и, не желая печалить своего Мишу, ни слова уже не говорила при нем о светских толках; а эти толки подействовали на Лермонтова до того сильно, что недавно он занемог даже. Бабушка испугалась, доктор признал расстройство нервов и прописал усиленную дозу валерьяны; заехал друг всего Петербурга добрейший Николай Федорович Арендт и, не прописывая никаких лекарств, вполне успокоил нашего капризного больного своею беседой, рассказав ему всю печальную эпопею тех двух с половиною суток с двадцать седьмого по двадцать девятое января, которые прострадал раненый Пушкин. Он все, все, все, что только происходило в эти дни, час в час, минута в минуту, рассказал нам, передав самые заветные слова Пушкина. Наш друг еще больше возлюбил своего кумира после этого откровенного сообщения, обильно и безыскусственно вылившегося из доброй души Николая Федоровича, не умевшего сдержать своих слов.

Лермонтов находился под этим впечатлением, когда явился к нам наш родня Н<иколай> А<ркадьевич> С<толыпин>, дипломат, служащий под начальством графа Нессельроде, один из представителей и членов самого что ни есть нашего высшего круга, но, впрочем, джентльмен во всем значении этого слова. Узнав от бабушки, занявшейся с бывшими в эту пору гостями, о болезни Мишеля, он поспешил наведаться об нем и вошел неожиданно в его комнату, минут десять по отъезде Николая Федоровича Арендта. По поводу городских слухов о том, что вдова Пушкина едва ли долго будет носить траур и называться вдовою, что ей вовсе не к лицу, Столыпин расхваливал стихи Лермонтова на смерть Пушкина; но только говорил, что напрасно Мишель, апофеозируя поэта, придал слишком сильное значение его невольному убийце, который, как всякий благородный человек, после всего того, что было между ними, не мог бы не стреляться. Honneur oblige!..* Лермонтов сказал на это, что русский человек, конечно, чистый русский, а не офранцуженный и испорченный, какую бы обиду Пушкин ему ни сделал, снес бы ее, во имя любви своей к славе России, и никогда не поднял бы на этого великого представителя всей интеллектуальности России своей руки. Столыпин засмеялся и нашел, что у Мишеля раздражение нервов, почему лучше оставить этот разговор, и перешел к другим предметам светской жизни и к новостям дня. Но Майошка наш его не слушал и, схватив лист бумаги, что-то быстро на нем чертил карандашом, ломая один за другим и переломав так с полдюжины. Между тем Столыпин, заметив это, сказал, улыбаясь и полушепотом: «La poésie enfante!»**; потом, поболтав еще немного и обращаясь уже только ко мне, собрался уходить и сказал Лермонтову: «Adieu, Michel!»*** Но наш Мишель закусил уже поводья, и гнев его не знал пределов. Он сердито взглянул на Столыпина и бросил ему: «Вы, сударь, антипод Пушкина, и я ни за что не отвечаю, ежели вы сию секунду не выйдете отсюда». — Столыпин не заставил себя приглашать к вы-

---

* Честь обязывает (*франц.*).
** Поэзия разрешается от бремени (*франц.*).
*** Прощай, Мишель (*франц.*).

ходу дважды и вышел быстро, сказав только: «Mais il est fou à lier»*. Четверть часа спустя Лермонтов, переломавший столько карандашей, пока тут был Столыпин, и потом писавший совершенно спокойно набело пером то, что в присутствии неприятного для него гостя писано им было так отрывисто, прочитал мне те стихи, которые, как ты знаешь, начинаются словами: «А вы, надменные потомки!» и в которых так много силы.

— Я отчасти знаю эти стихи, — сказал Синицын, — но не имею верной копии с них. Пожалуйста, Юрьев, ты, который так мастерски читаешь всякие стихи, прочти нам эти, «с чувством, с толком, с расстановкой», главное «с расстановкой», а мы с Владимиром Петровичем их спишем под твой диктант.

— Изволь, — отозвался Юрьев, — вот они.

Мы тотчас вооружились листами бумаги и перьями, а Юрьев декламировал, повторяя каждый стих:

А вы, надменные потомки
Известной подлостью прославленных отцов,
Пятою рабскою поправшие обломки
Игрою счастия обиженных родов!.. и т. д.

Когда мы с Синицыным записали последний стих, то оба с неподдельным и искренним чувством выражали наш восторг к этим звучным и сильным стихам. Юрьев продолжал:

— Я тотчас списал с этих стихов, не выходя из комнаты Лермонтова, пять или шесть копий, которые немедленно развез к некоторым друзьям. Эти друзья, частью сами, частью при помощи писцов, написали еще изрядное количество копий, и дня через два или три почти весь Петербург читал и знал «дополнение к стихам Лермонтова на смерть Пушкина». Когда старушка бабушка узнала об этих

---

* Но ведь он просто бешеный (*франц.*).

стихах, то старалась всеми силами, нельзя ли как-нибудь, словно фальшивые ассигнации, исхитить их из обращения в публике; но это было решительно невозможно: они распространялись с быстротою, и вскоре их читала уже вся Москва, где старики и старухи, преимущественно на Тверской, объявили их чисто революционерными и опасными. Прочел их и граф Бенкендорф, но отнесся к ним как к поэтической вспышке, сказав Дубельту: «Самое лучшее на подобные легкомысленные выходки не обращать никакого внимания: тогда слава их скоро померкнет, ежели же мы примемся за преследование и запрещение их, то хорошего ничего не выйдет, и мы только раздуем пламя страстей». Стихи эти читал даже великий князь Михаил Павлович и только сказал смеясь: «Эх, как же он расходился! Кто подумает, что он сам не принадлежит к высшим дворянским родам?» Даже до нас доходили слухи, что великий князь, при встрече с Бенкендорфом, шепнул ему, что желательно, чтоб этот «вздор», как он выразился, не обеспокоил внимания государя императора. Одним словом, стихи эти, переписываемые и заучиваемые всеми повсюду, в высших сферах считались ребяческою вспышкою, а в публике, хотя и негромко, но признавались за произведение гениальное. Государь об них ничего не знал, потому что граф Бенкендорф не придавал стихам значения, пока дней пять или шесть назад был раут у графа Ф<икельмона>, где был и граф Бенкендорф в числе гостей. Вдруг к нему подходит известная петербургская болтунья и, как ее зовут, la lèpre de la société*, Х<итрово>, разносительница новостей, а еще более клевет и пасквилей по всему городу, и, подойдя к графу, эта несносная вестовщица вдруг говорит: «А вы, верно, читали, граф,

* Язва общества (*франц.*).

новые стихи на всех нас и в которых la crème de la noblesse* отделаны на чем свет стоит?» — «О каких стихах вы говорите, сударыня?» — спрашивает граф. «Да о тех, что написал гусар Лермонтов и которые начинаются стихами: „А вы, надменные потомки!", то есть, ясно, мы все, toute l'aristocratie russe**». Бенкендорф ловко дал тотчас другое направление разговору и столько же ловко постарался уклониться от своей собеседницы, которую, как известно, после всех ее проделок, особенно после ее попрошайничеств, нигде не принимают, кроме дома ее сестры, графини Ф<икельмон>, которая сама, бедняжка, в отчаянии от такого кровного родства. Однако после этого разговора на рауте граф Бенкендорф на другой же день, перед отправлением своим с докладом к государю императору, сказал Дубельту: «Ну, Леонтий Васильевич, что будет, то будет, а после того, что Хитрово знает о стихах этого мальчика Лермонтова, мне не остается ничего больше, как только сейчас же доложить об них государю». Когда граф явился к государю и начал говорить об этих стихах в самом успокоительном тоне, государь показал ему экземпляр их, сейчас им полученный по городской почте, с гнусною надписью: «Воззвание к революции». Многие того мнения, что это работа de la leprè de la société, которая, недовольная уклончивостью графа на рауте, чем свет послала копию на высочайшее имя в Зимний дворец, причем, конечно, в отделении городской почты в Главном почтамте поверенный дал вымышленный адрес, и концы в воду, но, естественно, не для жандармерии, которая имеет свое чутье. Как бы то ни было, государь был разгневан, принял дело серьезнее, чем представлял граф, и велел

---

* Сливки дворянства (*франц.*).
** Вся русская аристократия (*франц.*).

великому князю Михаилу Павловичу немедленно послать в Царское Село начальника штаба гвардии Петра Федоровича Веймарна для произведения обыска в квартире корнета Лермонтова. Веймарн нашел прежде всего, что квартира Лермонтова уже много дней не топлена, потому что сам хозяин ее проживает постоянно в Петербурге у бабушки. Начальник штаба делал обыск и опечатывал все, что нашел у Лермонтова из бумаг, не снимая шубы. Между тем дали знать Мише, он поскакал в Царское и повез туда с полною откровенностью весь свой портфель, в котором, впрочем, всего больше было, конечно, барковщины; но, однако, прискакавший из Царского фельдъегерь от начальника штаба сопровождал полкового адъютанта и жандармского офицера, которые приложили печати свои к бюро, к столам, к комодам в нашем апартаменте. Бабушка была в отчаянии; она непременно думала, что ее Мишеля арестуют, что в крепость усадят; однако все обошлось даже без ареста, только велено было ему от начальника штаба жить в Царском, занимаясь впредь до повеления прилежно царской службой, а не «сумасбродными стихами». Вслед за этим сделано по гвардии строжайшее распоряжение о том, чтобы офицеры всех загородных полков отнюдь не смели отлучаться из мест их квартирования иначе как с разрешения полкового командира, который дает письменный отпуск, и отпуск этот офицер должен предъявлять в ордонансгаузе и в гвардейском штабе. Просто история! Мне это также не по шерсти, ей-богу. И все это из-за стихов Майошки. Однако несколько дней спустя последовал приказ: «Л.-гв. Гус. полка корнет Лермонтов переводится прапорщиком в Нижегородский драгунский полк». Сначала было приказано выехать ему из Петербурга через сорок восемь часов, то есть в столько времени, во сколько может быть изготовлена новая форма, да опять спасибо бабушке: перепросила, и, кажется, наш Майошка проведет с нами и Пасху. Теперь ведь Вербная неделя, ждать не долго.

Александр Христофорович Бенкендорф, граф (1781 или 1783–1844), *шеф корпуса жандармов и начальник III Отделения, генерал-адъютант. Докладная записка о стихотворении Лермонтова «Смерть поэта»:*
Я уже имел честь сообщить Вашему Императорскому Величеству, что я послал стихотворение гусарского офицера Лермантова генералу Веймарну, дабы он допросил этого молодого человека и содержал его при Главном штабе без права сноситься с кем-либо извне, покуда власти не решат вопрос о его дальнейшей участи, и о взятии его бумаг как здесь, так и на квартире его в Царском Селе. Вступление к этому сочинению дерзко, а конец — бесстыдное вольнодумство, более чем преступное. По словам Лермантова, эти стихи распространяются в городе одним из его товарищей, которого он не захотел назвать.

Николай I (1825–1855), *российский император. Резолюция на докладной записке А. Х. Бенкендорфа:*
Приятные стихи, нечего сказать; я послал Веймарна в Царское Село осмотреть бумаги Лермонтова и, буде обнаружатся еще другие подозрительные, наложить на них арест. Пока что я велел старшему медику гвардейского корпуса посетить этого господина и удостовериться, не помешан ли он; а затем мы поступим с ним согласно закону.

Аким Павлович Шан-Гирей:
Под арестом к Мишелю пускали только его камердинера, приносившего обед; Мишель велел завертывать хлеб в серую бумагу, и на этих клочках,

с помощью вина, печной сажи и спички, написал несколько пьес, а именно: «Когда волнуется желтеющая нива»; «Я, Матерь Божия, ныне с молитвою»; «Кто б ни был ты, печальный мой сосед», и переделал старую пьесу «Отворите мне темницу», прибавив к ней последнюю строфу «Но окно тюрьмы высоко».

Старушка бабушка была чрезвычайно поражена этим происшествием, но осталась в Петербурге, с надеждой выхлопотать внуку помилование, в чем через родных, а в особенности через Л. В. Дубельта и успела; менее чем через год Мишеля возвратили и перевели прежде в Гродненский, а вскоре, по просьбе бабушки же, опять в лейб-гусарский полк.

Дуэль с Барантом

Михаил Юрьевич Лермонтов. *Из письма М. А. Лопухиной. Конец 1838 г.:*

Надо вам сказать, что я самый несчастный из людей, и вы мне поверите, узнав, что я ежедневно посещаю балы. Я кинулся в *большой* свет. Целый месяц я был в моде, меня разрывали на части. Это по крайней мере откровенно. Весь этот свет, который я оскорблял в своих стихах, с наслаждением окружает меня лестью; самые красивые женщины выпрашивают у меня стихи и хвалятся ими как величайшей победой. — Тем не менее я скучаю. Я просился на Кавказ — отказали. Не желают даже, чтобы меня убили. Может быть, дорогой друг, эти жалобы не покажутся вам искренними? Может быть, вам покажется странным, что ищут удовольствий ради скуки, что бегают по гостиным, когда там не находят ничего интересного? Ну хорошо, я открою вам свои соображения. — Вы знаете мой самый главный недостаток — тщеславие и самолюбие. Было время, когда я стремился быть принятым в это общество в качестве новобранца. Это мне не удалось, аристократические двери для меня закрылись. А теперь в это же самое общество я вхож уже не как проситель, а как человек, который завоевал свои права. Я возбуждаю любопытство, меня домогаются, меня всюду приглашают, а я и виду не подаю, что этого желаю; дамы, которые обязательно хотят иметь из ряду выдающийся салон, желают, чтобы я бывал у них, потому что я тоже *лев,* да, я, ваш Мишель, добрый малый, у которого вы никогда не подозревали гривы. Согласитесь, что все это может вскружить голову. К счастью, моя природная лень берет верх — и мало-помалу я начинаю находить все это крайне несносным. Но этот новый опыт принес мне пользу, потому что дал мне в руки оружие против общества, и, если когда-либо оно будет преследовать меня своей клеветой (а это случится), у меня будут по крайней мере средства мщения; несомненно, нигде нет столько подлостей и смешного.

Аким Павлович Шан-Гирей:

Зимой 1839 года Лермонтов был сильно заинтересован кн. Щербатовой (к ней относится пьеса «На светские цепи»). Мне ни разу не случалось ее видеть, знаю только, что она была молодая вдова, а от него слышал, что такая, что ни в сказке сказать, ни пером написать. То же самое, как видно из последующего, думал про нее и г-н де Барант, сын тогдашнего французского посланника в Петербурге. Немножко слишком явное предпочтение, оказанное на бале счастливому сопернику, взорвало Баранта, он подошел к Лермонтову и сказал запальчиво: «Vous profitez trop, Monsieur, de ce que nous sommes dans un pays où le duel est défendu». — «Qu'àça ne tienne, Monsieur, — отвечал тот, — je me mets entièrement à voire disposition»*, и на завтра назначена

---

* «Вы слишком пользуетесь тем, что мы в стране, где дуэль воспрещена». — «Это ничего не значит, — отвечал тот, — я весь к вашим услугам» (*франц.*).

была встреча; это случилось в середу на масленице 1840 года. Нас распустили из училища утром, и я, придя домой часов в девять, очень удивился, когда человек сказал мне, что Михаил Юрьевич изволили выехать в семь часов; погода была прескверная, шел мокрый снег с мелким дождем. Часа через два Лермонтов вернулся, весь мокрый, как мышь. «Откуда ты эдак?» — «Стрелялся». — «Как, что, зачем, с кем?» — «С французиком». — «Расскажи». Он стал переодеваться и рассказывать: «Отправился я к Мунге, он взял отточенные рапиры и пару кухенрейтеров, и поехали мы за Черную Речку. Они были на месте. Мунго подал оружие, француз выбрал рапиры, мы стали по колено в мокром снегу и начали; дело не клеилось, француз нападал вяло, я не нападал, но и не поддавался. Мунго продрог и бесился, так продолжалось минут десять. Наконец он оцарапал мне руку ниже локтя, я хотел проколоть ему руку, но попал в самую рукоятку, и моя рапира лопнула. Секунданты подошли и остановили нас; Мунго подал пистолеты, тот выстрелил и дал промах, я выстрелил на воздух, мы помирились и разъехались, вот и все».

Михаил Юрьевич Лермонтов. *Из объяснительного письма Н. Ф. Плаутину. Начало марта 1840 г.:* Получив от Вашего Превосходительства приказание объяснить вам обстоятельства поединка моего с господином Барантом, честь имею донести Вашему Превосходительству, что 16-го февраля на бале у графини Лаваль господин Барант стал требовать у меня объяснения насчет будто мною сказанного; я отвечал, что все ему переданное несправедливо, но так как он был этим недоволен, то я прибавил, что дальнейшего объяснения давать ему не намерен. На колкий его ответ я возразил такой же колкостию, на что он сказал, что если б находился в своем отечестве, то знал бы, как кончить дело;

тогда я отвечал, что в России следуют правилам чести так же строго, как и везде, и что мы меньше других позволяем себя оскорблять безнаказанно. Он меня вызвал, мы условились и расстались. 18-го числа в воскресенье в 12 часов утра съехались мы за Черною речкой на Парголовской дороге. Его секундантом был француз, которого имени я не помню и которого никогда до сего не видал. Так как господин Барант почитал себя обиженным, то я предоставил ему выбор оружия. Он избрал шпаги, но с нами были также и пистолеты. Едва успели мы скрестить шпаги, как у моей конец переломился, а он мне слегка оцарапал грудь. Тогда взяли мы пистолеты. Мы должны были стрелять вместе, но я немного опоздал. Он дал промах, а я выстрелил уже в сторону. После сего он подал мне руку, и мы разошлись.

Иван Иванович Панаев:

Я также встретился у г-на Краевского с Лермонтовым в день его дуэли с сыном г-на Баранта, находившимся тогда при французском посольстве в Петербурге. Лермонтов приехал после дуэли прямо к г-ну Краевскому и показывал нам свою царапину на руке. Они дрались на шпагах. Лермонтов в это утро был необыкновенно весел и разговорчив.

Аким Павлович Шан-Гирей:

История эта оставалась довольно долго без последствий, Лермонтов по-прежнему продолжал выезжать в свет и ухаживать за своей княгиней; наконец одна неосторожная барышня Б***, вероятно безо всякого умысла, придала происшествию достаточную гласность в очень высоком месте, вследствие чего приказом по гвардейскому корпусу поручик лейб-гвардии Гусарского полка Лермонтов за поединок был предан военному суду с содержанием под арестом, и в понедельник на страстной неделе получил казенную квартиру в третьем этаже с.-петербургского ордонанс-гауза, где и пробыл недели две, а оттуда перемещен на арсенальную гауптвахту, что на Литейной. В ордонанс-гауз к Лермонтову тоже никого не пускали; бабушка лежала в параличе и не могла выезжать, однако же, чтобы Мише было не так скучно и чтоб иметь о нем ежедневный и достоверный бюллетень, она успела выхлопотать у тогдашнего коменданта или плац-майора, не помню хорошенько, барона З<ахаржевского>, чтоб он позволил впускать меня к арестанту. Благородный барон сжалился над старушкой и разрешил мне под своею ответственностию свободный вход, только у меня всегда отбирали на лестнице шпагу (меня тогда произвели и оставили в офицерских классах дослушивать курс). Лермонтов не был очень печален, мы толковали про городские новости, про новые французские романы, наводнявшие тогда, как и теперь, наши будуары, играли в шахматы, много читали, между прочим Андре Шенье, Гейне и «Ямбы» Барбье, последние ему не нравились <...>.

Елизавета Аркадьевна Верещагина (урожд. Анненкова; 1788–1876), *отдаленная родственница Лермонтова. Из письма к А. М. Хюгель 22 марта/3 апреля 1840 г.:* Миша Лер<монтов> опять сидит под арестом, и судят его — но кажется, кончится милостиво. Дуэль имел с Барантом, сыном посла. Причина — барыни модные. Но его дерзости обыкновенные — беда. И бедная Елиз<авета> Алексеевна. Я всякой день у нее. Нога отнималась. Ужасное положение ее — как была жалка. Возили ее к нему в караульную. *Из письма к А. М. Хюгель 11/23 апреля 1840 г.:* Миша Лерм<онтов> еще сидит под арестом, и так досадно — все дело испортил. Шло хорошо, а теперь Господь знает, как кончится. Его характер несносный — с большого ума делает глупости. Жалка бабушка — он ее ни во что не жалеет. Несчастная, многострадальная. При свидании все расскажу. И ежели бы не бабушка, давно бы пропал. И что еще несносно — что в его делах замешает других, ни об чем не думает, только об себе, и об себе неблагоразумно. Никого к нему не пускают, только одну бабушку позволили, и она таскается к нему, и он кричит на нее, а она всегда скажет — желчь у Миши в волнении. Барант-сын уехал.

Виссарион Григорьевич Белинский. *Из письма В. П. Боткину 16–21 апреля 1840 г.:*
Кстати: дуэль его — просто вздор, Барант (салонный Хлестаков) слегка царапнул его по руке, и царапина давно уже зажила. Суд над ним кончен и пошел на конфирмацию к царю. Вероятно, переведут молодца в армию. В таком случае хочет проситься на Кавказ, где приготовляется какая-то важная экспедиция против черкес. <...> Большой свет ему надоел, давит его, тем более что он любит его не для него самого, а для женщин. <...> Ну, от света еще можно бы оторваться, а от женщин — другое дело. Так он и рад, что этот случай отрывает его от Питера.

Аким Павлович Шан-Гирей:
Между тем военно-судное дело шло своим порядком и начинало принимать благоприятный оборот вследствие ответа Лермонтова, где он писал, что не считал себя вправе отказать французу, так как тот в словах своих не коснулся только его, Лермонтова, личности, а выразил мысль, будто бы вообще в России невозможно получить удовлетворения, сам же никакого намерения не имел нанести ему вред, что доказывалось выстрелом, сделанным на воздух. Таким образом, мы имели надежду на благоприятный исход дела, как моя опрометчивость все испортила.

Барант очень обиделся, узнав содержание ответа Лермонтова, и твердил везде, где бывал, что напрасно Лермонтов хвастается, будто подарил ему жизнь, это неправда, и он, Барант, по выпуске Лермонтова из-под ареста, накажет его за это хвастовство. Я узнал эти слова француза, они меня взбесили, и я пошел на гауптвахту. «Ты сидишь здесь, — сказал я Лермонтову, — взаперти и никого не видишь, а француз вот что про тебя везде трезвонит громче всяких труб». Лермонтов написал тотчас записку, приехали два гусарские офицера, и я ушел от него. На другой день он рассказал мне, что один из офицеров привозил к нему на гауптвахту Баранта, которому Лермонтов высказал свое неудовольствие и предложил, если он, Барант, недоволен, новую встречу по окончании своего ареста, на что Барант при двух свидетелях отвечал так: «Monsieur, les bruits qui sont parvenus jusqu'à vous sont inexacts, et je m'empresse de vous dire que je me tiens pour parfaitement satisfait»*. После чего его посадили в карету и отвезли домой. Нам казалось, что тем дело и кончилось; напротив, оно только начиналось. Мать Баранта поехала к командиру гвардейского корпуса с жалобой на Лермонтова за то, что он, будучи на гауптвахте, требовал к себе ее сына и вызывал его *снова* на дуэль. После такого пассажа дело натянулось несколько, поручика Лермонтова тем же чином перевели на Кавказ в Тенгинский пехотный полк, куда он отправился, а вслед за ним и бабушка поехала в деревню.

Елизавета Аркадьевна Верещагина. *Из письма к А. М. Хюгель 8/20 мая 1840 г.:*
Об Мише Л<ермонтове> что тебе сказать? Сам виноват и так запутал дело. Никто его не жалеет,

---

* Слухи, которые дошли до вас, не точны, и я должен сказать, что считаю себя совершенно удовлетворенным (*франц.*).

а бабушка жалка. Но он ее так уверил, что все принимает она не так, на всех сердится, всех бранит, все виноваты, а много милости сделано для бабушки и по просьбам, и многие старались об нем для бабушки, а для него никто бы не старался. Решительно, его ум ни на что, кроме дерзости и грубости.

Знакомство с Белинским

Николай Михайлович Сатин:

В одно из посещений он встретился у меня с Белинским. Познакомились, и дело шло ладно, пока разговор вертелся на разных пустячках; они даже открыли, что оба — уроженцы города Чембара (Пензенской губ.).

Но Белинский не мог долго удовлетворяться пустословием. На столе у меня лежал том записок Дидерота; взяв его и перелистав, он с увлечением начал говорить о французских энциклопедистах и остановился на Вольтере, которого именно он в то время читал. Такой переход от пустого разговора к серьезному разбудил юмор Лермонтова. На серьезные мнения Белинского он начал отвечать разными шуточками; это явно сердило Белинского, который начинал горячиться; горячность же Белинского более и более возбуждала юмор Лермонтова, который хохотал от души и сыпал разными шутками.

— Да, я вот что скажу вам об вашем Вольтере, — сказал он в заключение, — если бы он явился теперь к нам в Чембар, то его ни в одном порядочном доме не взяли бы в гувернеры.

Такая неожиданная выходка, впрочем не лишенная смысла и правды, совершенно озадачила Белинского. Он в течение нескольких секунд посмотрел молча на Лермонтова, потом, взяв фуражку и едва кивнув головой, вышел из комнаты.

Лермонтов разразился хохотом. Тщетно я уверял его, что Белинский замечательно умный человек; он передразнивал Белинского и утверждал, что это недоучившийся фанфарон, который, прочитав несколько страниц Вольтера, воображает, что проглотил всю премудрость.

Белинский с своей стороны иначе не называл Лермонтова как *пошляком*, и когда я ему напоминал стихотворение Лермонтова «На смерть Пушкина», он отвечал: «Вот важность — написать несколько удачных стихов! От этого еще не сделаешься поэтом и не перестанешь быть пошляком».

На впечатлительную натуру Белинского встреча с Лермонтовым произвела такое сильное влияние, что в первом же письме из Москвы он писал ко мне: «Поверь, что пошлость заразительна, и потому, пожалуйста, не пускай к себе таких пошляков, как Лермонтов».

Иван Иванович Панаев:

Белинский часто встречался у г-на Краевского с Лермонтовым. Белинский пробовал было не раз заводить с ним серьезный разговор, но из этого никогда ничего не выходило. Лермонтов всякий раз отделывался шуткой или просто прерывал его, а Белинский приходил в смущение.

— Сомневаться в том, что Лермонтов умен, — говорил Белинский, — было бы довольно странно; но я ни разу не слыхал от него ни одного дельного и умного слова. Он, кажется, нарочно щеголяет светскою пустотою.

И действительно, Лермонтов как будто щеголял ею, желая еще примешивать к ней иногда что-то сатанинское и байроническое: пронзительные взгляды, ядовитые шуточки и улыбочки, страсть показать презрение к жизни, а иногда даже и задор бретера. Нет никакого сомнения, что если он не изобразил в Печорине самого себя, то по крайней мере — идеал, сильно тревоживший его в то время и на который он очень желал походить.

Когда он сидел в ордонанс-гаузе после дуэли с Барантом, Белинский навестил его; он провел с ним часа четыре глаз на глаз и от него прямо пришел ко мне.

Я взглянул на Белинского и тотчас увидел, что он в необыкновенно приятном настроении духа. Белинский, как я замечал уже, не мог скрывать своих ощущений и впечатлений и никогда не драпировался. В этом отношении он был совершенный контраст Лермонтову.

— Знаете ли, откуда я? — спросил Белинский.

— Откуда?

— Я был в ордонанс-гаузе у Лермонтова и попал очень удачно. У него никого не было. Ну, батюшка, в первый раз я видел этого человека настоящим человеком!!! Вы знаете мою светскость и ловкость: я взошел к нему и сконфузился, по обыкновению. Думаю себе: ну, зачем меня принесла к нему нелегкая? Мы едва знакомы, общих интересов у нас никаких, я буду его женировать*, он меня... Что еще связывает нас немного — так это любовь к искусству, но он не поддается на серьезные разговоры... Я, признаюсь, досадовал на себя и решился пробыть у него не больше четверти часа. Первые минуты мне было неловко, но потом у нас завязался как-то разговор об английской литературе и Вальтер Скотте... «Я не люблю Вальтер Скотта, — сказал мне Лермонтов, —

---

* Стеснять (от *франц.* gêner).

в нем мало поэзии. Он сух». И начал развивать эту мысль, постепенно одушевляясь. Я смотрел на него — и не верил ни глазам, ни ушам своим. Лицо его приняло натуральное выражение, он был в эту минуту самим собою... В словах его было столько истины, глубины и простоты! Я в первый раз видел настоящего Лермонтова, каким я всегда желал его видеть. Он перешел от Вальтер Скотта к Куперу и говорил о Купере с жаром, доказывал, что в нем несравненно более поэзии, чем в Вальтер Скотте, и доказывал это с тонкостью, с умом и — что удивило меня — даже с увлечением. Боже мой! Сколько эстетического чутья в этом человеке! Какая нежная и тонкая поэтическая душа в нем!.. Недаром же меня так тянуло к нему. Мне наконец удалось-таки его видеть в настоящем свете. А ведь чудак! Он, я думаю, раскаивается, что допустил себя хотя на минуту быть самим собою, — я уверен в этом...

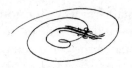

На Кавказе

Михаил Юрьевич Лермонтов. *Из письма С. А. Раевскому. Ноябрь – декабрь 1837 г.:*
С тех пор как выехал из России, поверишь ли, я находился до сих пор в беспрерывном странствовании, то на перекладной, то верхом; изъездил Линию всю вдоль, от Кизляра до Тамани, переехал горы, был в Шуше, в Кубе, в Шемахе, в Кахетии, одетый по-черкесски, с ружьем за плечами; ночевал в чистом поле, засыпал под крик шакалов, ел чурек, пил кахетинское даже...
Простудившись дорогой, я приехал на воды весь в ревматизмах; меня на руках вынесли люди из повозки, я не мог ходить — в месяц меня воды совсем поправили; я никогда не был так здоров, зато веду жизнь примерную; пью вино только тогда, когда где-нибудь в горах ночью прозябну, то приехав на место, греюсь... — Здесь, кроме войны, службы нету; я приехал в отряд слишком поздно, ибо государь нынче не велел делать вторую экспедицию, и я слышал только два-три выстрела; зато два раза в моих путешествиях отстреливался: раз ночью мы ехали втроем из Кубы, я, один офицер нашего полка и Черкес (мирный, разумеется), — и чуть не попались шайке Лезгин. — Хороших ребят здесь много, особенно

в Тифлисе есть люди очень порядочные; а что здесь истинное наслаждение, так это татарские бани! — Я снял на скорую руку виды всех примечательных мест, которые посещал, и везу с собою порядочную коллекцию; одним словом я вояжировал. Как перевалился через хребет в Грузию, так бросил тележку и стал ездить верхом; лазил на снеговую гору (Крестовая) на самый верх, что не совсем легко; оттуда видна половина Грузии как на блюдечке, и право, я не берусь объяснить или описать этого удивительного чувства: для меня горный воздух — бальзам; хандра к черту, сердце бьется, грудь высоко дышит — ничего не надо в эту минуту; так сидел бы да смотрел целую жизнь.

Начал учиться по-татарски, язык, который здесь, и вообще в Азии, необходим, как французский в Европе, — да жаль, теперь не доучусь, а впоследствии могло бы пригодиться. Я уже составлял планы ехать в Мекку, в Персию и проч., теперь остается только проситься в экспедицию в Хиву с Перовским.

Руфин Иванович Дорохов:

Вообще говоря, начальство нашего края хорошо ведет себя с молодежью, попадающей на Кавказ за какую-нибудь историю, и даже снисходительно обращается с виновными более важными. Лермонтова берегли по возможности и давали ему все случаи отличиться, ему стоило попроситься куда угодно, и его желание исполнялось, — но ни несправедливости, ни обиды другим через это не делалось. В одной из экспедиций, куда пошли мы с ним вместе, случай сблизил нас окончательно: обоих нас татары чуть не изрубили, и только неожиданная выручка спасла нас. В походе Лермонтов был совсем другим человеком против того, чем казался в крепости или на водах, при скуке и безделье.

Михаил Юрьевич Лермонтов. *Из письма А. А. Лопухину 12 сентября 1840 г.:*

У нас были каждый день дела, и одно довольно жаркое, которое продолжалось 6 часов сряду. Нас было всего 2000 пехоты, а их до 6 тысяч; и все время дрались штыками. У нас убыло 30 офицеров и до 300 рядовых, а их 600 тел осталось на месте, — кажется хорошо! — вообрази себе, что в овраге, где была потеха, час после дела еще пахло кровью. <...> Я вошел во вкус войны и уверен, что для человека, который привык к сильным ощущениям этого банка, мало найдется удовольствий, которые бы не показались приторными. Только скучно то, что либо так жарко, что насилу ходишь, либо так холодно, что дрожь пробирает, либо есть нечего, либо денег нет, — именно что со мною теперь.

Из письма А. А. Лопухину 16–26 октября 1840 г.:

Пишу тебе из крепости Грозной, в которую мы, т. е. отряд, возвратился после 20-дневной экспедиции в Чечне. Не знаю, что будет дальше, а пока судьба меня не очень обижает: я получил в наследство от Дорохова, которого ранили, отборную команду охотников, состоящую изо ста казаков — разный сброд, волонтеры, татары и проч., это нечто в роде партизанского отряда, и если мне случится с ним удачно действовать, то, авось, что-нибудь дадут; я ими только четыре дня в деле командовал и не знаю еще хорошенько, до какой степени они надежны; но так как, вероятно, мы будем еще воевать целую зиму, то я успею их раскусить. Вот тебе обо мне самое интересное.

Последний приезд в Петербург

Евдокия Петровна Ростопчина. *Из письма Александру Дюма 27 августа / 10 сентября 1858 г.:*
В начале 1841 года его бабушка, госпожа Арсеньева, выхлопотала ему разрешение приехать в Петербург для свидания с нею и получения последнего благословения; года и слабость понуждали ее спешить возложить руки на главу любимого детища, Лермонтов прибыл в Петербург 7 или 8 февраля, и, горькою насмешкою судьбы, его родственница, госпожа Арсеньева, проживавшая в отдаленной губернии, не могла с ним съехаться по причине дурного состояния дорог, происшедшего от преждевременной распутицы.

Михаил Николаевич Лонгинов:
Я не знал еще о его недавнем приезде. Однажды, часу во втором, зашел я в известный ресторан Леграна, в Большой Морской. Я вошел в бильярдную и сел на скамейку. На бильярде играл с маркером небольшого роста офицер, которого я не рассмотрел

по своей близорукости. Офицер этот из дальнего угла закричал мне: «Здравствуй, Лонгинов!» — и направился ко мне; тут узнал я Лермонтова в армейских эполетах с цветным на них полем. Он рассказал мне об обстоятельствах своего приезда, разрешенного ему для свидания с «бабушкой». Он был тогда на той высшей степени апогея своей известности, до которой ему только суждено было дожить. Петербургский «beau-monde»* встретил его с увлечением; он сейчас вошел в моду и стал являться по приглашениям на балы, где бывал двор. Но все это было непродолжительно. В одно утро после бала, кажется, у графа С. С. Уварова, на котором был Лермонтов, его позвали к тогдашнему дежурному генералу графу Клейнмихелю, который объявил ему, что он уволен в отпуск лишь для свидания с «бабушкой», а что в его положении неприлично разъезжать по праздникам, особенно когда на них бывает двор, и что поэтому он должен воздержаться от посещений таких собраний. Лермонтов, тщеславный и любивший светские успехи, был этим чрезвычайно огорчен и оскорблен, в совершенную противоположность тому, что выражено в написанном им около этого времени стихотворении: «Я не хочу, чтоб свет узнал»...

Евдокия Петровна Ростопчина. *Из письма Александру Дюма 27 августа / 10 сентября 1858 г.:*
Отпуск его приходил к концу, а бабушка не ехала. Стали просить об отсрочках, в которых сначала было отказано, а потом они были взяты штурмом, благодаря высокой протекции. Лермонтову очень не хотелось ехать, у него были всякого рода дурные предчувствия. Наконец, около конца апреля или начала мая, мы собрались на прощальный ужин, чтобы

---

* Большой свет (*франц.*).

пожелать ему доброго пути. Я одна из последних пожала ему руку. Мы ужинали втроем, за маленьким столом, он и еще другой друг, который тоже погиб насильственной смертью в последнюю войну. Во время всего ужина и на прощанье Лермонтов только и говорил об ожидавшей его скорой смерти. Я заставляла его молчать и стала смеяться над его, казавшимися пустыми, предчувствиями, но они поневоле на меня влияли и сжимали сердце. Через два месяца они осуществились, и пистолетный выстрел во второй раз похитил у России драгоценную жизнь, составлявшую национальную гордость.

Андрей Алексеевич Краевский. *В пересказе П. А. Висковатова:*

— Как-то вечером, — рассказывал А. А. Краевский, — Лермонтов сидел у меня и, полный уверенности, что его наконец выпустят в отставку, делал планы своих будущих сочинений. Мы расстались в самом веселом и мирном настроении. На другое утро часу в десятом вбегает ко мне Лермонтов и, напевая какую-то невозможную песню, бросается на диван. Он, в буквальном смысле слова, катался по нем в сильном возбуждении. Я сидел за письменным столом и работал. «Что с тобою?» — спрашиваю Лермонтова. Он не отвечает и продолжает петь свою песню, потом вскочил и выбежал. Я только пожал плечами. <...> Зная за ним совершенно необъяснимые шалости, я и на этот раз принял его поведение за чудачество. Через полчаса Лермонтов снова вбегает. Он рвет и мечет, снует по комнате, разбрасывает бумаги и вновь убегает. По прошествии известного времени он опять тут. Опять та же песня и катание по широкому моему дивану. Я был занят; меня досада взяла: «Да скажи ты, ради бога, что с тобою, отвяжись, дай поработать!» Михаил Юрьевич вскочил, подбежал ко мне и, схватив за борты сюртука, потряс так, что чуть не свалил меня со стула. «Понимаешь ли ты! мне велят выехать в сорок восемь часов из Петербурга». Оказалось, что его разбудили рано утром. Клейнмихель приказывал покинуть столицу в дважды двадцать четыре часа и ехать в полк в Шуру. Дело это вышло по настоянию гр. Бенкендорфа, которому не нравились хлопоты о прощении Лермонтова и выпуске его в отставку.

Аполлинария Михайловна Веневитинова (урожд. Виельгорская; 1818–1884). *По записи П. А. Висковатова:* По свидетельству многих очевидцев, Лермонтов во время прощального ужина был чрезвычайно грустен и говорил о близкой, ожидавшей его смерти. За несколько дней перед этим Лермонтов с кем-то из товарищей посетил известную тогда в Петербурге ворожею, жившую у Пяти Углов и предсказавшую смерть Пушкина от «белого человека»; звали ее Александра Филипповна, почему она и носила прозвище «Александра Македонского», после чьей-то неудачной остроты, сопоставившей ее с Александром, сыном Филиппа Македонского. Лермонтов, выслушав, что гадальщица сказала его товарищу, с своей стороны, спросил: будет ли он выпущен в отставку и останется ли в Петербурге. В ответ он услышал, что в Петербурге ему вообще больше не бывать, не бывать и отставки от службы, а что ожидает его другая отставка, «после коей уж ни о чем просить не станешь». Лермонтов очень этому смеялся, тем более что вечером того же дня получил отсрочку отпуска и опять возмечтал о вероятии отставки. «Уж если дают отсрочку за отсрочкой, то и совсем выпустят», — говорил он. Но когда нежданно пришел приказ поэту ехать, он был сильно поражен. Припомнилось ему «предсказание».

Со слов Дмитрия Аркадьевича Столыпина. *В пересказе П. К. Мартьянова:*

Во все продолжение времени, которое Михаил Юрьевич прожил в Петербурге, в начале 1841 года, всего около трех месяцев, он был предметом самых заботливых попечений о нем со стороны друзей, которые группировались вокруг него, и он, в ответ на это, дарил их своим доверием и братской откровенностью.

В Пятигорске в 1841 году

Петр Иванович Магденко:

Приехав на станцию, я вошел в комнату для проезжающих и увидал, уже знакомую мне, личность Лермонтова, в офицерской шинели с отогнутым воротником — после я заметил, что он и на сюртуке своем имел обыкновение отгинать воротник — и другого офицера чрезвычайно представительной наружности, высокого роста, хорошо сложенного, с низкоостриженною прекрасною головой и выразительным лицом. Это был — тогда, кажется, уже капитан гвардейской артиллерии — Столыпин. Я передал им о положении слуг их. Через несколько минут вошел только что прискакавший фельдъегерь с кожаною сумой на груди. Едва переступил он за порог двери, как Лермонтов с кликом: «А, фельдъегерь, фельдъсгерь!» подскочил к нему и начал снимать с него суму. Фельдъегерь сначала было заупрямился. Столыпин стал говорить, что они едут в действующий отряд и что, может быть, к ним есть письма из Петербурга. Фельдъегерь утверждал, что он послан «в армию к начальникам»; но Лермонтов сунул ему что-то в руку, выхватил суму и выложил хранившееся в ней на стол. Она, впрочем, не была ни запечатана, ни заперта. Оказались только запечатанные казенные пакеты; писем не было. Я немало удивлялся этой проделке. Вот что, думалось мне, могут дозволять себе петербуржцы.

Солнце уже закатилось, когда я приехал в город или, вернее, только крепость Георгиевскую. Смотритель сказал мне, что ночью ехать дальше не совсем безопасно. Я решился остаться ночевать и, в ожидании самовара, пошел прогуляться. Вернувшись, я только что принялся пить чай, как в комнату вошли Лермонтов и Столыпин. Они поздоровались со мною, как со старым знакомым, и приняли приглашение выпить чаю. Вошедший смотритель, на приказание Лермонтова запрягать лошадей, отвечал предостережением в опасности ночного пути. Лермонтов ответил, что он старый кавказец, бывал в экспедициях и его не запугаешь. Решение продолжать путь не изменилось и от смотрительского рассказа, что позавчера в семи верстах от крепости зарезан был черкесами проезжий унтер-офицер. Я, с своей стороны, тоже стал уговаривать лучше подождать завтрашнего дня, утверждая что-то вроде того, что лучше же приберечь храбрость на время какой-либо экспедиции, чем рисковать жизнью в борьбе с ночными разбойниками. К тому же разразился страшный дождь, и он-то, кажется, сильнее доводов наших подействовал на Лермонтова, который решился-таки заночевать. Принесли что у кого было съестного, явилось на стол кахетинское вино, и мы разговорились. Они расспрашивали меня о цели моей поездки, объяснили, что сами едут в отряд за Лабу, чтобы участвовать в «экспсдициях против горцев». Я утверждал, что не понимаю их влечения к трудностям боевой жизни, и противопоставлял ей удовольствия, которые ожидаю от кратковременного пребывания в Пятигорске, в хорошей квартире, с удобствами жизни и разными затеями, которые им в отряде, конечно, доступны не будут...

На другое утро Лермонтов, входя в комнату, в которой я со Столыпиным сидели уже за самоваром, обратясь к последнему, сказал: «Послушай, Столыпин, а ведь теперь в Пятигорске хорошо, там Верзилины (он назвал еще несколько имен); поедем в Пятигорск». Столыпин отвечал, что это невозможно. «Почему? — быстро спросил Лермонтов, — там комендант старый Ильяшенков, и являться к нему нечего, ничто нам не мешает. Решайся, Столыпин, едем в Пятигорск». С этими словами Лермонтов вышел из комнаты. На дворе лил проливной дождь. Надо заметить, что Пятигорск стоял от Георгиевского на расстоянии сорока верст, по тогдашнему — один перегон. Из Георгиевска мне приходилось ехать в одну сторону, им — в другую.

Столыпин сидел задумавшись. «Ну что, — спросил я его, — решаетесь, капитан?» — «Помилуйте, как нам ехать в Пятигорск, ведь мне поручено везти его в отряд. Вон, — говорил он, указывая на стол, — наша подорожная, а там инструкция — посмотрите». Я поглядел на подорожную, которая лежала раскрытою, а развернуть сложенную инструкцию посовестился и, признаться, очень о том сожалею.

Дверь отворилась, быстро вошел Лермонтов, сел к столу и, обратясь к Столыпину, произнес повелительным тоном:

«Столыпин, едем в Пятигорск! — С этими словами вынул он из кармана кошелек с деньгами, взял из него монету и сказал: — Вот, послушай, бросаю полтинник, если упадет кверху орлом — едем в отряд; если решеткой — едем в Пятигорск. Согласен?» Столыпин молча кивнул головой. Полтинник был брошен и к нашим ногам упал решеткою вверх. Лермонтов вскочил и радостно закричал: «В Пятигорск, в Пятигорск! позвать людей, нам уже запрягли!» Люди, два дюжих татарина, узнав, в чем дело, упали перед господами и благодарили их, выражая непритворную радость. «Верно, — думал я, — нелегка пришлась бы им жизнь в отряде».

Лошади были поданы. Я пригласил спутников в свою коляску. Лермонтов и я сидели на задней скамье, Столыпин на передней. Нас обдавало целым потоком дождя. Лермонтову хотелось закурить трубку, — оно оказалось немыслимым. Дорогой и Столыпин и я молчали, Лермонтов говорил почти без умолку и все время был в каком-то возбужденном состоянии. Между прочим, он указывал нам на озеро, кругом которого он джигитовал, а трое черкес гонялись за ним, но он ускользнул от них на лихом своем карабахском коне.

Говорил Лермонтов и о вопросах, касавшихся общего положения дел в России. Об одном высокопоставленном лице я услыхал от него тогда в первый раз в жизни моей такое жесткое мнение, что оно и теперь еще кажется мне преувеличенным.

Промокшие до костей, приехали мы в Пятигорск и вместе остановились на бульваре в гостинице, которую содержал армянин Найтаки. Минут через двадцать в мой номер явились Столыпин и Лермонтов, уже переодетыми, в белом, как снег, белье и халатах. Лермонтов был в шелковом темно-зеленом с узорами халате, опоясанный толстым снурком с золотыми желудями на концах. Потирая руки от удовольствия, Лермонтов сказал Столыпину: «Ведь и Мартышка, Мартышка здесь. Я сказал Найтаки, чтобы послали за ним».

Именем этим Лермонтов приятельски называл старинного своего хорошего знакомого, а потом скоро противника, которому рок судил убить надежу русскую на поединке.

Петр Кузьмич Мартьянов:

В Пятигорск прибыл Михаил Юрьевич вместе с своим двоюродным дядей, капитаном Нижегородского драгунского полка Алексеем Аркадьевичем Столыпиным <13> мая. На другой день они явились к пятигорскому коменданту, полковнику Ильяшенкову, представили медицинские свидетельства о своих болезнях (№№ 360 и 361) и получили от него разрешение остаться в Пятигорске.

О разрешении этом комендант донес начальнику штаба войск Кавказской линии и Черномории, флигель-адъютанту, полковнику Траскину, того же <14> мая за №№ 805 и 806. Штаб, имея в виду, что Пятигорский госпиталь переполнен уже больными офицерами, и находя, что болезни Лермонтова и Столыпина могут быть излечены и другими средствами, предписал пятигорскому коменданту отправить их в свои части или же в Георгиевский госпиталь. На данные им вследствие сего предписания отправиться по назначению Лермонтов и Столыпин донесли от 18 июня: первый за № 132, а второй за № 51, что они имеют от полковника Траскина предписания, разрешающие им лечиться в Пятигорском госпитале, с тем чтобы они донесли об этом своим полковым командирам и отрядному дежурству. И так как они начали уже пользование минеральными водами и приняли Лермонтов 23, а Столыпин 29 серных ванн и с перерывом курса лечения могут подвергнуться совершенному расстройству здоровья, то и просили полковника Ильяшенкова исходатайствовать им разрешение остаться в Пятигорске до окончания курса лечения. При рапортах были приложены дополнительные медицинские свидетельства курсового врача Барклая-де-Толли за №№ 29 и 30 о необходимости им продолжать лечение минеральными водами, — и начальство сдалось: на представление о сем коменданта от 23 июня, за № 1118, ответа из штаба не последовало, и Лермонтов со Столыпиным остались на водах в Пятигорске.

Василий Иванович Чиляев (или Чилаев; 1798–1873), *чиновник Пятигорской военной прокуратуры. В пересказе П. К. Мартьянова:*

Первую ночь по приезде в Пятигорск они ночевали в гостинице Найтаки. На другой день утром, часов в девять, явились в комендантское управление. Полковник Ильяшенков, человек старого закала, недалекий и боязливый до трусости, находился уже в кабинете. По докладе плац-адъютанта о том, что в Пятигорск приехал Лермонтов со Столыпиным, он схватился за голову обеими руками и, вскочив с кресла, живо проговорил:

— Ну, вот опять этот сорвиголова к нам пожаловал!.. Зачем это?

— Приехал на воды, — ответил плац-адъютант.

— Шалить и бедокурить! — вспылил старик, — а мы отвечай потом!.. Да у нас и мест нет в госпитале, нельзя ли их спровадить в Егорьевск?.. а?.. Я даже не знаю, право, что нам с ними делать?

— Будем смотреть построже, — проговорил почтительно докладчик, — а не принять нельзя, у них есть разрешение начальника штаба и медицинские свидетельства о необходимости лечения водами.

— Ну, позовите их, — махнул рукой комендант, и Столыпин с Лермонтовым были введены в кабинет.

— А, здравствуйте, господа, — приветствовал их нахмуренный представитель власти, сделав шаг вперед, — зачем и надолго ли пожаловали?

— Болезнь загнала, господин полковник, — начал было речь Лермонтов, но Ильяшенков, желая выказать строгость, перебил его словом: «позвольте!» и, обратясь к Столыпину, сказал:

— Вы — старший, отвечайте.

Столыпин объяснил причину прибытия и подал медицинское свидетельство и рапорт о дозволении лечиться в Пятигорске. Его примеру последовал и Лермонтов.

Комендант, прочитав рапорты, передал их плац-адъютанту с приказанием представить их в штаб, а молодым людям, пожав руки, сказал:

— Хотя у меня в госпитале и нет мест, ну, да что с вами делать, оставайтесь! Только с уговором, господа, не шалить и не бедокурить! В противном случае вышлю в полки, так и знайте!

— Больным не до шалостей, господин полковник, — отвечал с поклоном Столыпин.

— Бедокурить не будем, а повеселиться немножко позвольте, господин полковник, — поклонился в свою очередь почтительно Лермонтов. — Иначе ведь мы можем умереть от скуки, и вам же придется хоронить нас.

— Тьфу, тьфу! — отплюнулся Ильяшенков, — что это вы говорите! Хоронить людей я терпеть не могу. Вот если бы вы, который-нибудь, женились здесь, тогда бы я с удовольствием пошел к вам на свадьбу.

— Жениться!.. тьфу, тьфу! — воскликнул с притворным ужасом Лермонтов, пародируя коменданта. — Что это вы говорите, господин полковник, да я лучше умру!

— Ну вот, ну вот! я так и знал, — замахал руками Ильяшенков, — вы неисправимы, сами на себя беду накликаете. Ну, да идите с Богом и устраивайтесь!.. а там что Бог даст, то и будет.

И он откланялся. Аудиенция кончилась. В канцелярии зашел разговор о квартире, Чиляев предложил флигель в своем доме, добавив, что квартира в старом доме занята уже князем А. И. Васильчиковым.

— Поедем, посмотрим! — сказал Лермонтов.

— Пожалуй, — отвечал Столыпин, — только не сейчас, нужно заехать в гостиницу переодеться; скоро полдень, что за приятность в жару разъезжать по городу в парадной форме.

Часа в два-три дня они приехали к Чиляеву. Осмотрев снаружи стоявший на дворе домик и обойдя комнаты, Лермонтов остановился на балконе, выходившем в садик, граничивший с садом Верзилиных, и погрузился в раздумье. Между тем Столыпин обошел еще раз комнаты, сделал несколько замечаний насчет поправок и, осведомившись о цене квартиры, вышел также на балкон и спросил Михаила Юрьевича:

— Ну что, Лермонтов, хорошо?

— Ничего, — отвечал поэт небрежно, как будто недовольный нарушением его заветных дум, — здесь будет удобно... дай задаток!

Столыпин вынул бумажник и заплатил все деньги за квартиру. Вечером в тот же день они переехали.

Николай Федорович Туровский, *соученик Лермонтова по Московскому университету. Из «Дневника поездки по России в 1841 году»:*

20 июня. Несносна жизнь в Пятигорске. Отдавши долг удивления колоссальной природе, остается только скучать однообразием; один воздух удушливый, серный отвратит всякого. Вот утренняя картина: в пять часов мы видим — по разным направлениям в экипажах, верхом, пешком тянутся к источникам. Эти часы самые тяжелые; каждый обязан проглотить по несколько больших стаканов гадкой теплой воды до десяти и более: такова непременная метода здешних медиков. Около полудня все расходятся: кто в ванны, кто домой, где каждого ожидает стакан маренкового кофе и булка; обед должен следовать скоро и состоять из тарелки Wassersuppe и deux ocufs à la coque* со шпинатом. В пять часов вечера опять все по своим местам — у колодцев с стаканами в руках. С семи до девяти часов чопорно прохаживаются по бульвару под звук *музыки полковой;* тем должен заключиться день для

---

* Каши на воде (*нем.*) и двух яиц всмятку (*франц.*).

больных. Но не всегда тем кончается, и как часто многие напролет просиживают ночи за картами и прямо от столов как тени побредут к водам; и потом они же бессовестно толкуют о бесполезности здешнего лечения.

По праздникам бывают собрания в зале гостиницы, и тутошние очень веселятся.

21 июня. Лучшая, приятная для меня прогулка была за восемнадцать верст в Железноводск; самое название говорит, что там железные ключи; их много, но самый сильный и употребительный № 8, который, вместе с другими, бьет в диком лесу; между ними идет длинная, прорубленная аллея. Здесь-то в знойный день — истинное наслаждение: чистый ароматический воздух, и ни луча солнечного. Есть несколько источников и на открытом месте, где выстроены казенные домики и вольные для приезжающих. Виды здешние не отдалены и граничат взор соседними горами; но зато сколько жизни и свежести в природе. Как нежна, усладительна для глаз эта густая зелень, которою, как зеленым бархатом, покрыты горы.

Василий Иванович Чиляев. *В пересказе П. К. Мартьянова:*

Пятигорск в 1841 году был маленький, но довольно чистенький и красивый городок. Расположенный в котловине гор, при реке Подкумке, он имел десятка два прихотливо прорезанных в различных направлениях улиц, с двумя-тремя сотнями обывательских, деревянных, большей частию одноэтажных, домиков, между которыми там и сям выдвигались и гордо смотрели солидные каменные казенные постройки, как-то: ванны, галереи, гостиницы и др. В центре города, почти у самых минеральных источников, ютился небольшой, но уже хорошо разросшийся и дававший тень бульвар, на котором по вечерам играла музыка. Городок с мая до сентября переполнялся приезжавшей на воды публикой;

у источников, в казино и на бульваре появлялась масса больных обоего пола и всех рангов, лет и состояний. Жизнь пробуждалась, и обыденную городскую скуку и сплетни сменяли веселье, шум и суета.

Николай Павлович Раевский. *В пересказе В. П. Желиховской:*

Пятигорск был не то, что теперь. Городишко был маленький, плохенький; каменных домов почти не было, улиц и половины тех, что теперь застроены, так же. Лестницы, что ведет к Елизаветинской галерее, и помину не было, а бульвар заканчивался полукругом, ходу с которого никуда не было и на котором стояла беседка, где влюбленным можно было приютиться хоть до рассвета. За Елизаветинской галереей, там, где теперь Калмыцкие ванны, была одна общая ванна, т. е. бассейн, выложенный камнем, в котором купались без разбору лет, общественных положений и пола. Был и грот с боковыми удобными выходами, да не тот грот на Машуке, что теперь называется Лермонтовским. Лермонтов, может, там и бывал, да не так часто, как в том, о котором я говорю, что на бульваре около Сабанеевских ванн. В нем вся наша ватага частенько пировала, в нем бывали пикники; в нем Лермонтов устроил и свой последний праздник, бывший отчасти причиной его смерти. Была и слободка по сю сторону Подкумка, замечательная тем, что там что ни баба — то капитанша. Баба — мужик мужиком, а чуть что: «Я капитанша!» Так мы и называли эту слободку «слободкой капитанш». Но жить там никто не жил, потому, во-первых, что капитанши были дамы амбиционные, а во-вторых, в ту сторону спускались на ночь все серные ключи и дышать там было трудно. Была еще и эолова арфа в павильоне на Машуке, ни при каком ветре, однако, не издававшая ни малейшего звука.

Но в Пятигорске была жизнь веселая, привольная; нравы были просты, как в Аркадии. Танцевали мы много и всегда по простоте. Играет, бывало, музыка на бульваре, играет, а после перетащим мы ее в гостиницу к Найтаки, барышень просим прямо с бульвара, без нарядов, ну вот и бал по вдохновению. А в соседней комнате содержатель гостиницы уж нам и ужин готовит. А когда, бывало, затеет начальство настоящий бал, и гостиница уж не трактир, а благородное собрание, — мы, случалось, барышням нашим, которые победней, и платьица даривали. Термалама, мовь и канаус в ход шли, чтобы перед наезжими щеголихами барышни наши не сконфузились. И танцевали мы на этих балах все, бывало, с нашими; такой и обычай был, чтобы в обиду не давать.

Зато и слава была у Пятигорска. Всякий туда норовил. Бывало, комендант вышлет к месту служения; крутишься, крутишься, дельце сварганишь, — ан и опять в Пятигорск. В таких делах нам много доктор Ребров помогал. Бывало, подластишься к нему, он даст свидетельство о болезни. Отправит в госпиталь на два дня, а после и домой, за неимением в госпитале места. К таким уловкам и Михаил Юрьевич не раз прибегал.

И слыл Пятигорск тогда за город картежный, вроде кавказского Монако, как его Лермонтов прозвал. Как теперь вижу фигуру сэра Генри Мильса, полковника английской службы и известнейшего игрока тех времен. Каждый курс он в наш город наезжал.

Николай Иванович Лорер:

Кто не знает Пятигорска из рассказов, описаний и проч.? Я не берусь его описывать и чувствую, что перо мое слабо для воспроизведения всех красот природы. Скажу только, что в то время съезды на Кавказские воды были многочисленны, со всех концов

России. Кого, бывало, не встретишь на водах? Какая смесь одежд, лиц, состояний! Со всех концов огромной России собираются больные к источникам в надежде — и большею частью справедливой — исцеления. Тут же толпятся и здоровые, приехавшие развлечься и поиграть в картишки. С восходом солнца толпы стоят у целительных источников с своими стаканами. Дамы с грациозным движением опускают на беленьком снурочке свой <стакан> в колодец, казак с нагайкой через плечо — обыкновенною принадлежностью, бросает свой стакан в теплую вонючую воду и потом, залпом выпив какую-нибудь десятую порцию, морщится и не может удержаться, чтоб громко не сказать: «Черт возьми, какая гадость!» Легко больные не строго исполняют предписания своих докторов держать диету, и я слышал, как один из таких звал своего товарища на обед, хвастаясь ему, что получил из колонии два славных поросенка и велел их обоих изжарить к обеду своему.

Гвардейские офицеры после экспедиции нахлынули в Пятигорск, и общество еще более оживилось. Молодежь эта здорова, сильна, весела, как подобает молодости, воды не пьет, конечно, и широко пользуется свободой после трудной экспедиции. Они бывают также у источников, но без стаканов: лорнеты и хлыстики их заменяют. Везде в виноградных аллеях можно их встретить, увивающихся и любезничающих с дамами. <...>

Гвардейская молодежь жила разгульно в Пятигорске, а Лермонтов был душою общества и делал сильное впечатление на женский пол. Стали давать танцевальные вечера, устраивали пикники, кавалькады, прогулки в горы.

Петр Кузьмич Мартьянов:

Наружность домика самая непривлекательная. Одноэтажный, турлучный, низенький, он походит на те постройки, которые возводят отставные солдаты в слободках при уездных городах. Главный фасад его выходит на двор и имеет три окна, но все три различной меры и вида. Самое крайнее с левой стороны фасада окно, вроде итальянского, имеет обыкновенную раму о 8 стеклах и по бокам полурамы, каждая с 4 стеклами, и две наружные ставни. Второе окно имеет одну раму о 8 стеклах и одну ставню. Наконец, третье — также в одну раму о 8 стеклах окно, но по размеру меньше второго на четверть аршина и снабжено двумя ставеньками. Сбоку домика с правой стороны пристроены деревянные сени с небольшим о двух ступенях крылечком. Стены снаружи обмазаны глиной и выбелены известкой. Крыша тростниковая с одной трубой.

В сенях ничего, кроме деревянной скамейки, не имеется. Из сеней налево дверь в прихожую. Домик разделяется капитальными стенами вдоль и поперек и образует четыре комнаты, из которых две комнаты левой долевой (западной) половины домика обращены окнами на двор, а другие две правой (восточной) половины — в сад. Первая комната левой половины, в которую ведет дверь из сеней, разгорожена вдоль и поперек перегородками и образует, как широковещательно определил В. И. Чиляев, прихожую, приемную и буфет.

Прихожая — небольшая полутемная комнатка с дверями: прямо — в приемную, направо — в зало. Мебели в прихожей никакой нет. В приемной окно на двор и две двери: одна — прямо в спальню, другая же в противоположной перегородке — в буфет. По левую сторону под окном стол, по стенам несколько стульев, а в углу часть поставленной в центре дома большой голландской печи. Далее спальня Столыпина с большим 16-стекольным окном и дверью в кабинет Лермонтова. В спальне под окном стол с маленьким выдвижным ящичком и два стула, у противоположной, ко входу из приемной, стены кровать и платяной шкаф; направо в углу между дверями часть голландской печи. В кабинете Лермонтова такое же 16-стекольное окно, как и в спальне Столыпина, и дверь в зало. Под окном простой, довольно большой стол с выдвижным ящиком, имеющим маленькое медное колечко, и два стула. У глухой стены, против двери в зало, прикрытая двумя тоненькими дощечками, длинная и узкая о шести ножках кровать (3 1/4 арш. длины и 14 вершков ширины) и трехугольный столик. В углу между дверями печь, по сторонам дверей четыре стула.

Зало имеет два 8-стекольных окна — налево в сад и одно прямо к сеням на двор. Слева, при выходе из кабинета, складной обеденный стол. В простенке между окнами — ломберный стол, а над столом — единственное во всей квартире зеркало; под окнами по два стула. Направо в углу печь. У стены маленький, покрытый войлочным ковром диванчик и перед ним переддиванный об одной ножке стол. Общий вид квартиры далеко не представителен. Низкие, приземистые комнаты, стены которых оклеены не обоями, но просто бумагой, окрашенной домашними средствами: в приемной — мелом, в спальне — голубоватой, в кабинете — светло-серой и в зале — искрасна-розовой клеевой краской. Потолки положены прямо на балки и выбелены мелом, полы окрашены желтой, а двери и окна синеватой масляной краской. Мебель самой простой, чуть не солдатской, работы и почти вся, за исключением ясеневого ломберного стола и зеркала красного дерева, окрашена темной, под цвет дерева, масляной краской. Стулья с высокими в переплет спинками и мягкими подушками, обитыми дешевым ситцем.

Василий Иванович Чиляев. *В пересказе П. К. Мартьянова:*

Образ жизни Лермонтова в Пятигорске был самый обыкновенный и простой. Ничто не напоминало в нем поэта, а скорее помещика-офицера с солидною для кавказа обстановкой. Квартира у него со Столыпиным была общая, стол держали они дома и жили дружно. Заведовал хозяйством, людьми и лошадьми Столыпин. В домике, который они занимали, комнаты, выходящие окнами на двор, назывались столыпинской половиной, а выходящие в сад — лермонтовской. Михаил Юрьевич работал большей частию в кабинете, на том самом письменном столе, который стоял тут и в 1870 году. Работал он при открытом окне, под которым стояло черешневое дерево, сплошь осыпанное в тот год черешнями, так что, работая, он машинально протягивал руку, срывал черешни и лакомился ими. Спал Лермонтов на кровати, стоявшей до 1870 года в кабинете, и на ней был положен, когда привезли тело его с места поединка. Кровать эта освящена кровью поэта, так же как и обеденный стол, на котором он лежал после анатомирования до положения в гроб. Хозяйство его велось представительно. На конюшне он держал двух собственных верховых лошадей. (Красавца-скакуна серого Черкеса он купил тотчас по приезде в Пятигорск.) Штат прислуги его состоял из привезенных с собой из Петербурга четырех человек, из коих двое было крепостных: один камердинер, бывший дядька его, старик Иван Соколов, и конюх Иван Вертюков, и двое наемных — помощник камердинера гуриец Христофор Саникидзе и повар, имя которого не сохранилось. Дом его был открыт для друзей и знакомых, и если кто к нему обращался с просьбой о помощи или одолжении, никогда и никому не отказывал, стараясь сделать все, что только мог. Вставал он неодинаково, иногда рано, иногда спал часов до 9-ти и даже более. Но это случалось редко. В первом случае, тотчас, как встанет, уходил пить воды или брать ванны и после пил чай, во втором же — прямо с постели садился за чай, а потом уходил из дому. Около двух часов возвращался домой обедать, и почти всегда в обществе друзей-приятелей. Поесть любил хорошо, но стол был не роскошный, а русский, простой. На обед готовилось четыре-пять блюд, по заказу Столыпина, мороженое же, до которого Лермонтов был большой охотник, ягоды или фрукты подавались каждодневно. Вин, водок и закусок всегда имелся хороший запас. Обедало постоянно четыре-пять, а иногда и более приглашенных или случайно приходивших знакомых, преимущественно офицеров. После обеда пили кофе, курили и балагурили на балкончике, а некоторые спускались в сад полежать на траве, в тени акаций и сирени. Около 6 часов подавался чай, и затем все уходили. Вечер, по обыкновению, посвящался прогулкам, танцам, любезничанью с дамами или игре в карты.

Николай Павлович Раевский. *В пересказе В. П. Желиховской:*

Любили мы его все. У многих сложился такой взгляд, что у него был тяжелый, придирчивый характер. Ну, так это неправда; знать только нужно было, с какой стороны подойти. Особенным неженкой он не был, а пошлости, к которой он был необыкновенно чуток, в людях не терпел, но с людьми простыми и искренними и сам был прост и ласков. Над всеми нами он командир был. Всех окрестил по-своему. Мне, например, ни от него, ни от других, нам близких людей, иной клички, как Слёток, не было. А его никто даже и не подумал называть иначе, как по имени. Он хотя нас и любил, но вполне близок был с одним Столыпиным. В то время посещались только три дома постоянных обитателей Пятигорска. На первом плане, конечно, стоял дом генерала Верзилина. Там Лермонтов и мы все были дома. Потом, мы также часто бывали у генеральши Катерины

Ивановны Мерлини, героини защиты Кисловодска от черкесского набега, случившегося в отсутствие ее мужа, коменданта кисловодской крепости. Ей пришлось самой распорядиться действиями крепостной артиллерии, и она сумела повести дело так, что горцы рассеялись прежде, чем прибыла казачья помощь. За этот подвиг государь Николай Павлович прислал ей бриллиантовые браслеты и фермуар с георгиевскими крестами. Был и еще открытый дом Озерских, приманку в котором составляла миленькая барышня Варенька. Отец ее заведывал Калмыцким улусом, был человек состоятельный, и поэтому она была барышня хорошо образованная; но у них Михаил Юрьевич никогда не бывал, так как там принимали неразборчиво, а поэт не любил, чтобы его смешивали с l'armée russe*, как он окрестил кавказское воинство.

Обычной нашей компанией было, кроме нас, вместе живущих, еще несколько человек, между прочими, полковник Манзей, Лев Сергеевич Пушкин, про которого говорилось: «Мой братец Лев, да друг Плетнёв», командир Нижегородского драгунского полка Безобразов и др. Но князя Трубецкого, на которого указывается как на человека, близкого Михаилу Юрьевичу в последнее время его жизни, с нами не было. Мы видались с ним иногда, как со многими, но в эпоху, предшествовавшую дуэли, его даже не было в Пятигорске, как и во время самой дуэли. Мы с ним были однополчане, я его хорошо помню и потому не могу в этом случае ошибаться.

Часто устраивались у нас кавалькады, и генеральша Катерина Ивановна почти всегда езжала с нами верхом по-мужски, на казацкой лошади, как и подобает георгиевскому кавалеру. Обыкновенно мы езжали в Шотландку, немецкую колонию в 7-ми верстах от

---

* Русскими армейскими (*франц.*).

Пятигорска, по дороге в Железноводск. Там нас с распростертыми объятиями встречала немка Анна Ивановна, у которой было нечто вроде ресторана и которой мильх и бутерброды, наравне с двумя миленькими прислужницами Милле и Гретхен, составляли погибель для l'armée russe.

У нас велся точный отчет об наших parties de plaisir*. Их выдающиеся эпизоды мы рисовали в «альбоме приключений», в котором можно было найти все: и кавалькады, и пикники, и всех действующих лиц. После этот альбом достался князю Васильчикову или Столыпину; не помню, кому именно. Все приезжие и постоянные жители Пятигорска получали от Михаила Юрьевича прозвища. И язык же у него был! Как, бывало, прозовет кого, так кличка и пристанет. Между приезжими барынями были и belles pâles и grenouilles évanouies**. А дочка калужской помещицы Быховец, имени которой я не помню именно потому, что людей, окрещенных Лермонтовым, никогда не называли их христианскими именами, получила прозвище la belle noire***. Они жили напротив Верзилиных, и с ними мы особенно часто видались.

Николай Соломонович Мартынов поселился в домике для приезжих позже нас и явился к нам истым денди à la Circassienne****. Он брил по-черкесски голову и носил необъятной величины кинжал, из-за которого Михаил Юрьевич и прозвал его poignard'ом*****. Эта кличка, приставшая к Мартынову еще больше, чем другие лермонтовские прозвища, и была главной причиной их дуэли, наравне с другими маленькими делами, поведшими за собой

---

* Увеселительных прогулках (*франц.*).
** Бледные красавицы и лягушки в обмороке (*франц.*).
*** Прекрасной смуглянки (*франц.*).
**** По-черкесски (*франц.*).
***** Кинжалом (*франц.*).

большие последствия. Они знакомы были еще в Петербурге, и хотя Лермонтов и не подпускал его особенно близко к себе, но все же не ставил его наряду с презираемыми им людьми. Между нами говорилось, что это от того, что одна из сестер Мартынова пользовалась большим вниманием Михаила Юрьевича в прежние годы и что даже он списал свою княжну Мери именно с нее. Годами Мартынов был старше нас всех; и, приехавши, сейчас же принялся перетягивать все внимание belle noire, милости которой мы все добивались, исключительно на свою сторону. Хотя Михаил Юрьевич особенного старания не прилагал, а так только вместе со всеми нами забавлялся, но действия Мартынова ему не понравились и раздражали его. Вследствие этого он насмешничал над ним и настаивал на своем прозвище, не обращая внимания на очевидное неудовольствие приятеля, пуще прежнего.

Николай Иванович Лорер:

В июле месяце (1841 г. — *Сост.*) молодежь задумала дать бал пятигорской публике, которая более или менее, само собою <разумеется>, была между собою знакома. Составилась подписка, и затея приняла громадные размеры. Вся молодежь дружно помогала в устройстве праздника, который 8 июля и был дан на одной из площадок аллеи у огромного грота, великолепно украшенного природой и искусством. Свод грота убрали разноцветными шалями, соединив их в центре в красивый узел и прикрыв круглым зеркалом, стены обтянули персидскими коврами, повесили искусно импровизированные люстры из простых обручей и веревок, обвитых чрезвычайно красиво великолепными живыми цветами и вьющеюся зеленью; снаружи грота, на огромных деревьях аллей, прилегающих к площадке, на которой собирались танцевать, развесили, как говорят, более двух тысяч пятисот разноцветных фонарей... Хор военной музыки поместили на площадке, над гротом, и во время антрактов между танцами звуки музыкальных знаменитостей нежили слух очарованных гостей, бальная музыка стояла в аллее.

Красное сукно длинной лентой сталось до палатки, назначенной служить уборною для дам. Она также убрана была шалями и снабжена заботливыми учредителями всем необходимым для самой взыскательной и избалованной красавицы. Там было огромное зеркало в серебряной оправе, щетки, гребни, духи, помада, шпильки, булавки, ленты, тесемки и женщина для прислуги. Уголок этот был так мило отделан, что дамы бегали туда для того только, чтоб налюбоваться им. Роскошный буфет не был также забыт. Природа, как бы согласившись с общим желанием и настроением, выказала себя в самом благоприятном виде. В этот вечер небо было чистого темносинего цвета и усеяно бесчисленными серебряными звездами. Ни один листок не шевелился на деревьях. К восьми часам приглашенные по билетам собрались, и танцы быстро следовали один за другим. Неприглашенные, не переходя за черту импровизированной танцевальной залы, окружали густыми рядами кружащихся и веселящихся счастливцев.

Лермонтов необыкновенно много танцевал, да и все общество было как-то особенно настроено к веселью.

Александр Иванович Арнольди (1817–1898), *сослуживец Лермонтова по лейб-гвардии Гродненскому гусарскому полку:*

В первых числах июля я получил, кажется от С. Трубецкого, приглашение участвовать в подписке на бал, который пятигорская молодежь желала дать городу; не рассчитывая на то, чтобы этот бал мог стоить очень дорого, я с радостью согласился. В квартире Лермонтова делались все необходимые к тому приготовления, и мы намеревались осветить грот, в котором хотели танцевать, для чего наклеили до двух тысяч разных цветных фонарей. Лермонтов придумал громадную люстру из трехъярусно помещенных обручей, обвитых цветами и ползучими растениями, и мы исполнили эту работу на славу. Армянские лавки доставили нам персидские ковры и разноцветные шали для украшения свода грота, за прокат которых мы заплатили, кажется, 1500 рублей; казенный сад — цветы и виноградные лозы, которые я с Глебовым нещадно рубили; расположенный в Пятигорске полк снабдил нас красным сукном, а содержатель гостиницы Найтаки позаботился о десерте, ужине и вине.

Восьмого или десятого июля бал состоялся, хотя не без недоразумений с некоторыми подписчиками, благодаря тому что дозволялось привести на бал не всех, кого кто желает, а требовалось, чтобы участвующие на балу были более или менее из общих знакомых и нашего круга. Сколько мне помнится, разлад пошел из-за того, что князю Голицыну не дозволили пригласить на бал двух сестер какого-то приезжего военного доктора сомнительной репутации. Голицын в негодовании оставил наш круг и не участвовал в общей затее. Я упоминаю об этом обстоятельстве потому, что Голицын ровно через неделю после нашего бала давал такой же на свои средства в казенном саду, где для этого случая была выстроена им даже галерея. В этот-то день, то есть 15 июля, и случилась дуэль Лермонтова, и бал Голицына не удался, так как его не посетили как все близкие товарищи покойного поэта, так и представительницы лучшего дамского общества, его знакомые...

Наш бал сошел великолепно, все веселились от чистого сердца, и Лермонтов много ухаживал за Идой Мусиной-Пушкиной.

Накануне дуэли с Мартыновым

Николай Иванович Лорер:

Мартынов служил в кавалергардах, перешел на Кавказ, в линейный казачий полк и только что оставил службу. Он был очень хорош собой и с блестящим светским образованием. Нося по удобству и привычке черкесский костюм, он утрировал вкусы горцев и, само собой разумеется, тем самым навлекал на себя насмешки товарищей, между которыми Лермонтов по складу ума своего был неумолимее всех. Пока шутки эти были в границах приличия, все шло хорошо, но вода и камень точит, и, когда Лермонтов позволил себе неуместные шутки в обществе дам, называя Мартынова «homme à poignard»*, потому, что он в самом деле носил одежду черкесскую и ходил постоянно с огромным кинжалом у пояса, шутки эти показались обидны самолюбию Мартынова, и он скромно заметил всю неуместность их.

Александр Иванович Арнольди:

Я часто забегал к соседу моему Лермонтову. Однажды, войдя неожиданно к нему в комнату, я застал его лежащим на постели и что-то рассматривающим

* Человек с кинжалом (*франц.*).

в сообществе С. Трубецкого и что они хотели, видимо, от меня скрыть. Позднее, заметив, что я пришел не вовремя, я хотел было уйти, но так как Лермонтов тогда же сказал: «Ну, этот ничего», — то и остался. Шалуны товарищи показали мне тогда целую тетрадь карикатур на Мартынова, которые сообща начертали и раскрасили. Это была целая история в лицах вроде французских карикатур: Cryptogram M-r la Launisse и проч., где красавец, бывший когда-то кавалергард, Мартынов был изображен в самом смешном виде, то въезжающим в Пятигорск, то рассыпающимся пред какою-нибудь красавицей и проч. Эта-то шутка, приправленная часто в обществе злым сарказмом неугомонного Лермонтова, и была, как мне кажется, ядром той размолвки, которая кончилась так печально для Лермонтова, помимо тех темных причин, о которых намекают многие, знавшие отношения этих лиц до катастрофы...

Николай Павлович Раевский. *В пересказе В. П. Желиховской:*

Как-то раз, недели за три-четыре до дуэли, мы сговорились, по мысли Лермонтова, устроить пикник в нашем обычном гроте у Сабанеевских ванн. Распорядителем на наших праздниках бывал обыкновенно генерал князь Владимир Сергеевич Голицын, но в этот раз он с чего-то заупрямился и стал говорить, что неприлично женщин хорошего общества угощать постоянными трактирными ужинами после танцев с кем ни попало на открытом воздухе. Лермонтов возразил ему, что здесь не Петербург, что то, что неприлично в столице, совершенно на своем месте на водах с разношерстным обществом. На это князь предложил устроить настоящий бал в казенном Ботаническом саду. Лермонтов заметил, что не всем это удобно, что казенный сад далеко за городом и что затруднительно будет препроводить наших дам, усталых после танцев, позднею ночью обратно в город. Ведь биржевых-то дрожек в городе было 3 — 4, а свои экипажи у кого были. Так не на повозках же тащить?

— Так здешних дикарей учить надо! — сказал князь. Лермонтов ничего ему не возразил, но этот отзыв князя Голицына о людях, которых он уважал и в среде которых жил, засел у него в памяти, и, возвратившись домой, он сказал нам:

— Господа! На что нам непременное главенство князя на наших пикниках? Не хочет он быть у нас — и не надо. Мы и без него сумеем справиться.

Не скажи Михаил Юрьевич этих слов, никому бы из нас и в голову не пришло перечить Голицыну, а тут словно нас бес дернул. Мы принялись за дело с таким рвением, что праздник вышел — прелесть. Площадку перед гротом занесли досками для танцев, грот убрали зеленью, коврами, фонариками, а гостей звали, по обыкновению, с бульвара. Лермонтов был очень весел, не уходил в себя и от души шутил и смеялся, несмотря на присутствие armée russe. Нечего и говорить, что князя Голицына не только не пригласили на наш пикник, но даже не дали ему об нем знать. Но ведь немыслимо же было, чтоб он не узнал о нашей проделке в таком маленьком городишке. Узнал князь и крепко разгневался: то он у нас голова был, а тут вдруг и гостем не позван. Да и не хорошо это было: почтенный он был, заслуженный человек.

Ну да только так не так, а слышим мы через некоторое время, что и князь от своей мысли не отстал; выписывает угощение, устраивает ротонду в казенном саду, сзывает гостей, а нашей банде ни слова! Михаил Юрьевич как узнал, что нас-то обошли, и говорит нам:

— Что ж? Прекрасно. Пускай он себе дам из слободки набирает, благо там капитанш много. Нас он не зовет, и, даю голову на отсечение, ни одна из наших дам у него не будет!

Разослал он нас, кого куда, во все стороны с убедительной просьбой в день княжеского бала пожаловать на вечеринку к Верзилиным. Мы дельце живо оборудовали. Никто к князю Голицыну не поехал: ни Верзилинские барышни, ни дочки доктора Лебединского, ни Варенька Озерская. А про la belle noire и говорить нечего. Все отозвались, что приглашены уже к Верзилиным, а хозяйка Марья Ивановна ничего не знает про то, что у нее бал собирается.

Вот собрались мы все и перед танцами вздумали музыкой заняться. <...>

А тут, как на грех, засел за фортепиано юнкер один, офицерства дожидавшийся, Бенкендорф. Играл он недурно, скорей даже хорошо; но беда в том, что Михаил Юрьевич его не очень-то жаловал; говорили даже, что и Грушницкого с него списал.

Как началась наша музыка, Михаил Юрьевич уселся в сторонке, в уголку, ногу на ногу закинув, что его обычной позой было, и не говорит ничего; а я-то уж вижу по глазам его, что ему не по себе. <...> Подошел я к нему, а он и говорит:

— Слёток! будет с нас музыки. Садись вместо него, играй кадриль. Пусть уж лучше танцуют.

Я послушался, стал играть французскую кадриль. Разместились все, а одной барышне кавалера недостало. Михаил Юрьевич почти никогда не танцевал. Я никогда его танцующим не видал. А тут вдруг Николай Соломонович, poignard наш, жалует. Запоздал, потому франт! Как пойдет ноготки полировать да душиться, — часы так и бегут. Вошел. Ну просто сияет. Бешметик беленький, черкеска верблюжьего тонкого сукна без галунчика, а только черной тесемкой обшита, и серебряный кинжал чуть не до полу. Как он вошел, ему и крикнул кто-то из нас:

— Poignard! вот дама. Становитесь в пару, сейчас начнем.

Он — будто и не слыхал, поморщился слегка и прошел в диванную, где сидели Марья Ивановна Верзилина и ее старшая дочь Эмилия Александровна Клингенберг. Уж очень ему этим poignard'ом надоедали. И от своих, и от приезжих, и от l'armée russe ему другого имени не было. А, на беду, барышня оказалась из бедненьких, и от этого Михаил Юрьевич еще пуще рассердился. Жаль, забыл я, кто именно была эта барышня. Однако ничего, протанцевали кадриль. Барышня, переконфуженная такая, подходит ко мне и просит, чтобы пустил я ее играть, а сам бы потанцевал. Я пустил ее и вижу, что Мартынов вошел в залу, а Михаил Юрьевич и говорит громко:

— Велика важность, что poignard'ом назвали. Не след бы из-за этого неучтивости делать!

А Мартынов в лице изменился и отвечает:

— Михаил Юрьевич! Я много раз просил!.. Пора бы и перестать!

Михаил Юрьевич сдержался, ничего ему не ответил, потому что видел, какая от этих слов на всех лицах легла тень. Да только видно было, что его весь вечер крутило. Тут и с князем Голицыным, которого, в сущности, он уважал, размолвка, тут и от музыки раздражение, да и мысль, что вот-де барышень лишили и без того удовольствия по своему же капризу, да еще и ссориться при них вздумали. Вечер-то и сошел благополучно.

А после, как кончился ужин, стали мы расходиться, Михаил Юрьевич и Столыпин поотстали, а Мартынов подошел к Глебову и говорит ему:

— Послушай, Миша! Скажи Михаилу Юрьевичу, что мне это крепко надоело. Хорошо пошутить, да бросить. Скажи, что дурным может кончиться.

А Лермонтов, откуда ни возьмись, тут как тут.

— Что ж? — говорит, — можете требовать удовлетворения.

Мартынов поклонился, и разошлись.

Меня-то при этом не было. Я, как был помоложе всех, всегда забегал вперед ворота отворять, да мне после Глебов рассказывал.

Александр Илларионович Васильчиков:

Выходя из дома па улицу, Мартынов подошел к Лермонтову и сказал ему очень тихим и ровным голосом по-французски: «Вы знаете, Лермонтов, что я очень часто терпел ваши шутки, но не люблю, чтобы их повторяли при дамах», на что Лермонтов таким же спокойным тоном отвечал: *«А если не любите, то потребуйте у меня удовлетворения»*. Больше ничего в тот вечер и в последующие дни, до дуэли, между ними не было, по крайней мере нам, Столыпину, Глебову и мне, неизвестно, и мы считали эту ссору столь ничтожною и мелочною, что до последней минуты уверены были, что она кончится примирением.

Николай Павлович Раевский. *В пересказе В. П. Желиховской:*

Конечно, эта размолвка между приятелями произвела на всех нас неприятное впечатление. Мы с Глебовым говорили об ней до глубокой ночи и решили наутро собраться всем вместе и потолковать, как делу пособить.

Но ни тогда, ни после, до самой той минуты, когда мы узнали, что все уже кончено, нам и в голову не приходили какие бы то ни было серьезные опасения. Думали, так себе, повздорили приятели, а после и помирятся. Только хотелось бы, чтобы поскорее все это кончилось, потому что мешала их ссора нашим увеселениям. А Мартынов и стрелять-то совсем не умел. Раз мы стреляли все вместе, забавы ради, так Николай Соломонович метил в забор, а попал в корову. Так понятно, что мы и не беспокоились.

На другое утро собрались мы в нашей с Глебовым комнате. Пришел и некий поручик Дорохов, знаменитый тем, что в 14-ти дуэлях участие принимал, за что и назывался он у нас бретер. Как человек опытный, он нам и дал совет.

— В таких, — говорит, — случаях принято противников разлучать на некоторое время. Раздражение пройдет, а там, Бог даст, и сами помирятся.

Мы и его послушаться согласились, да и еще решили попросить кого-нибудь из старших переговорить с нашими спорщиками. Кого же было просить? Петр Семенович Верзилин, может, еще за месяц перед тем уехал в Варшаву хлопотать о какой-нибудь должности для себя. Был у нас еще один друг, старик Ильяшенко. Он нашу банду очень любил, а в особенности Лермонтова, хотя, бывало, когда станешь его просить не высылать из Пятигорска, он всегда бранится да приговаривает: «Убей меня Бог, что вы, мальчишки, со мной делаете!» Ну, да его нельзя было в такое дело мешать, потому что он комендантом Пятигорска был. Думали полковника Зельмица, что вместе с нами жил, попросить, да решили, что он помолчать не сумеет. Он всегда, как что-нибудь проведает, сейчас же бежит всех дам оповещать. Ну, так нам же не было охоты барынь наших пугать, тем более что и сами мы смотрели на эту историю как на пустяки. Оставался нам, значит, один только полковник Манзей, тот самый, которому Лермонтов раз сказал:

> Куда, седой прелюбодей,
> Стремишь своей ты мысли беги?
> Кругом с арбузами телеги
> И нет порядочных людей!

Позвали мы его, рассказали ему всю историю. Он поговорить со спорщиками не отказался, но совершенно основательно заметил, что с Лермонтовым ему не совладать, а что лучше было бы, кабы Столыпин с ним сперва поговорил. Столыпин сейчас же пошел в рабочую комнату, где Михаил Юрьевич чем-то был занят. Говорили они довольно долго, а мы сидели и ждали, дыхание притаивши.

Столыпин нам после рассказывал, как было дело. Он, как только вошел к нему, стал его уговаривать и сказал, что мы бы все рады были, кабы он уехал.

— Мало тебе и без того неприятностей было? Только что эта история с Барантом, а тут опять. Уезжай ты, сделай милость!

Михаил Юрьевич не рассердился: знал ведь, что все мы его любим.

— Изволь, — говорит, — уеду и все сделаю, как вы хотите.

И сказал он тут же, что в случае дуэли Мартынов пускай делает, как знает, а что сам он целить не станет. «Рука, — сказал, — на него не поднимается!»

Как Столыпин рассказал нам все это, мы обрадовались. Велели лошадь седлать, и уехал наш Михаил Юрьевич в Железноводск.

Устроили мы это дело, да и подумали, что конец, — и с Мартыновым всякие предосторожности оставили. Ан и вышло, что маху дали. Пошли к нему все, стали его убеждать, а он сидит угрюмый.

— Нет, — говорит, — господа, я не шучу. Я много раз его просил прежде, как друга; а теперь уж от дуэли не откажусь.

Мы как ни старались — ничего не помогло. Так и разошлись. Предали все в руки времени. Авось-де он это так сгоряча, а после, может, и обойдется.

Дуэль и смерть

Николай Иванович Лорер:

Наутро враги взяли себе по секунданту, Мартынов — Глебова, а Лермонтов — А. Васильчикова. Товарищи обоих, находя, что Лермонтов виноват, хотели помирить противников и надеялись, что Мартынов смягчится и первым пожелает сближения. Но судьба устроила иначе, и все переговоры ни к чему не повели, хотя Лермонтов, лечившийся в это время в Железноводске, и уехал туда по совету друзей. Мартынов остался непреклонен, и дуэль была назначена.

Александр Илларионович Васильчиков:

Все мы, и в особенности М. П. Глебов, который соединял с отважною храбростью самое любезное и сердечное добродушие и пользовался равным уважением и дружбою обоих противников, все мы, говорю, истощили в течение трех дней наши миролюбивые усилия без всякого успеха. Хотя формальный вызов на дуэль и последовал от Мартынова, но всякий согласится, что вышеприведенные слова Лермонтова «потребуйте от меня удовлетворения» заключали в себе уже косвенное приглашение на вызов, и затем оставалось решить, кто из двух был зачинщик и кому перед кем следовало сделать первый шаг к примирению.

Николай Павлович Раевский. *В пересказе В. П. Желиховской:*

Ну, и побежали день за днем. <...> Видим, что Мартынов развеселился, о прошлом ни слова не поминает; стали подумывать о том, как бы изгнанника нашего из Железноводска вернуть: скучно ведь ему там одному. Собрались мы все опять. И Манзей тут был, и Дорохов, и князь Васильчиков, дерптский студент, что лечиться в Пятигорск приехал. <...> Сошлись мы все, а тут и Мартынов жалует. Догадался он, что ли, о чем мы речь собрались держать, да только без всяких предисловий нас так и огорошил.

— Что ж, господа, — говорит, — скоро ли ожидается благополучное возвращение из путешествия? Я уж давно дожидаюсь. Можно бы понять, что я не шучу!
Тут кто-то из нас и спросил:
— Кто же у вас секундантом будет?
— Да вот, — отвечает, — я был бы очень благодарен князю Васильчикову, если б он согласился сделать мне эту честь! — и вышел.
Мы давай судить да рядить. А бретер Дорохов опять свое слово вставил:
— Можно, господа, так устроить, чтобы секунданты постановили какие угодно условия.
Мы и порешили, чтобы они дрались в 30-ти шагах и чтобы Михаил Юрьевич стоял выше, чем Мартынов. Вверх еще труднее целить. Сейчас же отправились на Машук и место там выбрали за кладбищем. Глебов и еще кто-то, кажется, Столыпин, хорошо не помню, отправились сообщить об этом Михаилу Юрьевичу и встретили его по дороге, в Шотландке, у немки Анны Ивановны. А князь Васильчиков сказал Мартынову, что будет его секундантом с усло-

вием, чтобы никаких возражений ни со стороны его самого, ни со стороны его противника не было. Посланные так и сказали Михаилу Юрьевичу.

Он сказал, что согласен, повторил только опять, что целить не будет, на воздух выстрелит, как и с Барантом; и тут же попросил Глебова секундантом у него быть.

Екатерина Григорьевна Быховец (1820–1880), *дальняя родственница (правнучатая сестра). Из письма неизвестному адресату 5 августа 1841 г.:*
Чрез четыре дня он поехал на Железные; был <в> этот день несколько раз у нас и все меня упрашивал приехать на Железные; это 14 верст отсюда. Я ему обещала, и 15-го <июля> мы отправились в шесть часов утра, я с Обыденной в коляске, а Дмитревский, и Бенкендорф, и Пушкин — брат сочинителя — верхами.

На половине дороги в колонке мы пили кофе и завтракали. Как приехали на Железные, Лермонтов сейчас прибежал; мы пошли в рощу и все там гуляли. Я все с ним ходила под руку. На мне было бандо. Уж не знаю, какими судьбами коса моя распустилась и бандо свалилось, которое он взял и спрятал в карман. Он при всех был весел, шутил, а когда мы были вдвоем, он ужасно грустил, говорил мне так, что сейчас можно догадаться, но мне в голову не приходила дуэль. Я знала причину его грусти и думала, что все та же, уговаривала его, утешала, как могла, и с полными глазами слез <он меня> благодарил, что я приехала, умаливал, чтоб я пошла к нему на квартиру закусить, но я не согласилась; поехали назад, он поехал тоже с нами.

В колонке обедали. Уезжавши, он целует несколько раз мою руку и говорит:

— Cousine, душенька, счастливее этого часа не будет больше в моей жизни.

Я еще над ним смеялась; так мы и отправились. Это было в пять часов, а <в> 8 пришли сказать, что он убит.

Николай Павлович Раевский. *В пересказе В. П. Желиховской:*

...15 июля 1841 года, после обеда, видим, что Мартынов с Васильчиковым выехали из ворот на дрожках. Глебов же еще раньше верхом поехал Михаила Юрьевича встретить. А мы дома пир готовим, шампанского накупили, чтобы примирение друзей отпраздновать. Так и решили, что Мартынов уж никак не попадет. Ему первому стрелять, как обиженной стороне, а Михаил Юрьевич и совсем целить не станет. Значит, и кончится ничем.

Александр Илларионович Васильчиков:

...15 июля часов в шесть-семь вечера мы поехали на роковую встречу; но и тут, в последнюю минуту, мы, и я думаю сам Лермонтов, были убеждены, что дуэль кончится пустыми выстрелами и что, обменявшись для соблюдения чести двумя пулями, противники подадут себе руки и поедут... ужинать.

Со слов Михаила Павловича Глебова (1819–1847), *секунданта Н. С. Мартынова. В записи П. К. Мартьянова:*

Всю дорогу от Шотландки до места дуэли Лермонтов был в хорошем расположении духа. Никаких предсмертных разговоров, никаких посмертных распоряжений от него Глебов не слыхал. Он ехал как будто на званый пир какой-нибудь. Все, что он высказал за время переезда, это — сожаление, что он не мог получить увольнение от службы в Петербурге и что ему в военной службе едва ли удастся осуществить задуманный труд. «Я выработал уже план, — говорил он Глебову, — двух романов: одного из времен смертельного боя двух великих наций, с завязкою в Петербурге, действиями в сердце России и под Парижем и развязкою в Вене, и другого из кавказской жизни, с Тифлисом при Ермолове, его диктатурой и кровавым усмирением Кавказа, персидской войной и катастрофой, среди которой погиб Грибоедов в Тегеране, и вот придется сидеть у моря и ждать погоды, когда можно будет приниматься за кладку их фундамента. Недели через две уже нужно будет отправиться в отряд, к осени пойдем в экспедицию, а из экспедиции когда вернемся!»

Александр Илларионович Васильчиков. *В записи В. Я. Стоюнина:*
Когда Лермонтову, хорошему стрелку, был сделан со стороны секунданта намек, что он, конечно, не намерен убивать своего противника, то он и здесь отнесся к нему с высокомерным презрением, со словами: «Стану я стрелять в такого дурака», не думая, что были сочтены его собственные минуты.

Николай Павлович Раевский. *В пересказе В. П. Желиховской:*
Когда они все сошлись на заранее выбранном месте и противников поставили, как было условлено: Михаила Юрьевича выше Мартынова и спиной к Машуку, — Глебов отмерил 30 шагов и бросил шапку на то место, где остановился, а князь Васильчиков, — он такой тонкий, длинноногий был, — подошел да и оттолкнул ее ногой, так что шапка на много шагов еще откатилась.

— Тут вам и стоять, где она лежит, — сказал он Мартынову.

Мартынов и стал, как было условлено, без возражений. Больше 30-ти шагов — не шутка! Тут хотя бы и из ружья стрелять. Пистолеты-то были Кухенрейтера, да и из них на таком расстоянии не попасть.

А к тому ж еще целый день дождь лил, так Машук весь туманом заволокло: в десяти шагах ничего не видать. Мартынов снял черкеску, а Михаил Юрьевич только сюртук расстегнул.

Александр Илларионович Васильчиков:

Когда мы выехали на гору Машук и выбрали место по тропинке, ведущей в колонию (имени не помню), темная, громовая туча поднималась из-за соседней горы Бештау.

Мы отмерили с Глебовым тридцать шагов; последний барьер поставили на десяти и, разведя противников на крайние дистанции, положили им сходиться каждому на десять шагов по команде «марш». Зарядили пистолеты. Глебов подал один Мартынову, я другой Лермонтову, и скомандовали: «Сходись!» Лермонтов остался неподвижен и, взведя курок, поднял пистолет дулом вверх, заслоняясь рукой и локтем по всем правилам опытного дуэлиста. В эту минуту, и в последний раз, я взглянул на него и никогда не забуду того спокойного, почти веселого выражения, которое играло на лице поэта перед дулом пистолета, уже направленного на него. Мартынов быстрыми шагами подошел к барьеру и выстрелил. Лермонтов упал, как будто его скосило на месте, не сделав движения ни взад, ни вперед, не успев даже захватить больное место, как это обыкновенно делают люди раненые или ушибленные.

Мы подбежали. В правом боку дымилась рана, в левом — сочилась кровь, пуля пробила сердце и легкие. Хотя признаки жизни уже видимо исчезли, но мы решили позвать доктора. По предварительному нашему приглашению присутствовать при дуэли, доктора, к которым мы обращались, все наотрез отказались. Я поскакал верхом в Пятигорск, заезжал к двум господам медикам, но получил такой же ответ, что на место поединка, по случаю дурной погоды (шел проливной дождь), они ехать не могут, а приедут на квартиру, когда привезут раненого.

Когда я возвратился, Лермонтов уже мертвый лежал на том же месте, где упал; около него Столыпин, Глебов и Трубецкой. Мартынов уехал прямо к коменданту объявить о дуэли. Черная туча, медленно поднимавшаяся на горизонте, разразилась страшной грозой, и перекаты грома пели вечную память новопреставленному рабу Михаилу.

Столыпин и Глебов уехали в Пятигорск, чтобы распорядиться перевозкой тела, а меня с Трубецким оставили при убитом. Как теперь, помню странный эпизод этого рокового вечера; наше сиденье в поле при трупе Лермонтова продолжалось очень долго, потому что извозчики, следуя примеру храбрости гг. докторов, тоже отказались один за другим ехать для перевозки тела убитого. Наступила ночь, ливень не прекращался... Вдруг мы услышали дальний топот лошадей по той же тропинке, где лежало тело, и, чтобы оттащить его в сторону, хотели его приподнять; от этого движения, как обыкновенно случается, спертый воздух выступил из груди, но с таким звуком, что нам показалось, что это живой и болезный вздох, и мы несколько минут были уверены, что Лермонтов еще жив.

Николай Павлович Раевский. *В пересказе В. П. Желиховской:*

А мы дома с шампанским ждем. Видим, едут Мартынов и князь Васильчиков. Мы к ним навстречу бросились. Николай Соломонович никому ни слова не сказал и, темнее ночи, к себе в комнату прошел, а после прямо отправился к коменданту Ильяшенко и все рассказал ему. Мы с расспросами к князю, а он только и сказал: «Убит!» — и заплакал. Мы чуть не рехнулись от неожиданности; все плакали, как малые дети. Полковник же Зельмиц, как услышал, — бегом к Марии Ивановне Верзилиной и кричит:

— О-то! ваше превосходительство, наповал!

А та, ничего не зная, ничего и не поняла сразу, а когда уразумела, в чем дело, так, как сидела, на пол и свалилась. Барышни ее услыхали, — и что тут поднялось, так и описать нельзя. А Антон Карлыч наш кашу заварил, да и домой убежал. Положим, хорошо сделал, что вернулся: он нам-то и понадобился в это время. Приехал Глебов, сказал, что покрыл тело шинелью своею, а сам под дождем больше ждать не мог. А дождь, перестав было, опять беспрерывный заморосил. Отправили мы извозчика биржевого за телом, так он с полудороги вернулся: колеса вязнут, ехать невозможно. И пришлось нам телегу нанять. А послать кого с телегой — и не знаем, потому что все мы никуда не годились и никто своих слез удержать не мог. Ну, и попросили полковника Зельмица. Дал я ему своего Николая, и столыпинский грузин с ними отправился. А грузин, что Лермонтову служил, так убивался, так причитал, что его и с места сдвинуть нельзя было.

Александр Илларионович Васильчиков:

Наконец, часов в одиннадцать ночи, явились товарищи с извозчиком, наряженным, если не ошибаюсь, от полиции. Покойника уложили на дроги, и мы проводили его все вместе до общей нашей квартиры.

Александр Васильевич Мещерский:

Позже, когда я был в Пятигорске, где лечился от раны, полученной мною в Даргинскую экспедицию 1845 года, я почел нравственным долгом посетить на Машуке то место, где происходила дуэль и где был убит незабвенный наш гениальный поэт. Какой величественный вид с этого места на широкую долину, окружающую Пятигорск, на величавый Эльбрус, покрытый вечными снегами, и на цепь Кавказских гор!.. Эта чудная картина, мне показалось, была в соответствии с гением и талантом покойного поэта, который так любил Кавказ.

«Нет! Не так желалось тебе умереть, милый наш Лермонтов», — думал я, сидя под зеленым дубом, на том самом месте, где он простился с жизнью.

Пора уснуть последним сном,
Довольно в свете мне пожить,
Обманут жизнью был во всем
И ненавидя и любя.

Похороны

Николай Павлович Раевский. *В пересказе В. П. Желиховской:*
Когда тело привезли, мы убрали рабочую комнату
Михаила Юрьевича, заняли у Зельмица большой
стол и накрыли его скатертью. Когда пришлось об-
мывать тело, сюртука невозможно было снять, руки совсем закоченели. Правая рука как держала пистолет, так и осталась. Нужно было сюртук на спи-
не распороть, и тут все мы видели, что навылет
пуля проскочила, да и фероньерка belle noire в правом кармане нашлась, вся в крови. В день похорон
m-lle Быховец как сумасшедшая прибежала, так ее
эта новость поразила, и взяла свою фероньерку, как
она была, даже вымыть, не то что починить не позволила.
Глебов с Васильчиковым тож отправились, вслед
за Мартыновым, к коменданту Ильяшенко. И когда явились они, он сказал:
— Мальчишки, мальчишки, убей меня Бог! Что вы
наделали, кого вы убили! — И заплакал старик.
Сейчас же они все трое были на гауптвахту отправ-
лены и сидели там долгое время.
А мы дома снуем из угла в угол как потерянные. И то
уж мы не знали, как вещи-то на свете делаются,

потому что, по тогдашней глупой моде, неверием хвастались, а тут и совсем одурели. Ходим вокруг тела да плачем, а для похорон ничего не делаем. Дело было поздно вечером, из публики никто не узнал, а Марья Ивановна Верзилина соберется пойти телу покланяться, дойдет до подъезда, да и падает без чувств. Только уж часов в одиннадцать ночи приехал к нам Ильяшенко, сказал, что гроб уж он заказал, и велел нам завтра пойти священника попросить. Мы уж и сами об этом подумывали, потому что знали, что бабушка поэта, Елизавета Алексеевна Арсеньева, женщина очень богомольная и никогда бы не утешилась, если б ее внука похоронили не по церковным установлениям. <...> На другой день Столыпин и я отправились к священнику единственной в то время православной церковки в Пятигорске. Встретила нас красавица-попадья, сказала нам, что слышала о нашем несчастии, поплакала, но тут же прибавила, что батюшки нет и что вернется он только к вечеру. Мы стали ее просить, целовали у нее и ручки, чтобы уговорила она батюшку весь обряд совершить. Она нам обещала свое содействие, а мы, чтоб уж она не могла на попятный пойти, тут же ей и подарочек прислали, разных шелков тогдашних, и о цене не спрашивали.

Вернулись домой, а народу много набралось: и приезжие, и офицеры, и казачки из слободки. Принесли и гроб, и хорошо так его белым глазетом обили. Мы уж собрались тело в него класть, когда кто-то из публики сказал, что так нельзя, что надо сперва гроб освятить. А где нам святой воды достать! Посоветовали нам на слободку послать, потому что там у всякой казачки есть святая вода в пузырьке за образом, да у кого-то из прислуги нашлось. Мы хотя, в гроб тело положивши, и пропели все хором «Святый Боже, Святый Крепкий...» и покрестились, даром что не христиане были, но полагали, что этого недостаточно, и очень беспокоились об отсутствии священника. Тут же из публики и подушку в гроб сшили, и цветов принесли, и нам всем креп на рукава навязали. Нам бы самим не догадаться.

Николай Иванович Лорер:
Мы оба с Вигелиным пошли к квартире покойника, и тут я увидел Михаила Юрьевича на столе, уже в чистой рубашке и обращенного головой к окну. Человек его обмахивал мух с лица покойника, а живописец Шведе снимал портрет с него масляными красками. Дамы — знакомые и незнакомые — и весь любопытный люд стал тесниться в небольшой комнате, а первые являлись и украшали безжизненное чело поэта цветами... Полный грустных дум, я вышел на бульвар. Во всех углах, на всех аллеях, только и было разговоров что о происшествии. Я заметил, что прежде в Пятигорске не было ни одного жандармского офицера, но тут, бог знает откуда, их появилось множество, и на каждой лавочке отдыхало, кажется, по одному голубому мундиру. Они, как черные враны, почувствовали мертвое тело и нахлынули в мирный приют исцеления, чтоб узнать, отчего, почему, зачем, и потом доносить по команде, правдиво или ложно.

Николай Павлович Раевский. *В пересказе В. П. Желиховской:*
На другой день опять мы со Столыпиным пошли к священнику. Матушка-то его предупредила, но он все же не сразу согласился, и пришлось Столыпину ему, вместо 50-ти, 200 рублей пообещать. Решили мы с ним, что, коли своих денег не хватит, у Верзилиных занять; а уж никак не скупиться. Однако батюшка все настаивал на том, что, по такой-то-де главе Стоглава, дуэлисты причтены к самоубийцам,

и потому Михаилу Юрьевичу никакой заупокойной службы не полагается и хоронить его следует вне кладбища. Боялся он очень от архиерея за это выговор получить. Мы стали было уверять его, что архиерей не узнает, а он тут и говорит:

— Вот если бы комендант дал мне записочку, что в своем доносе он обо мне не упомянет, я был бы спокоен.

Мы попробовали у Ильяшенко эту записочку для священника выпросить, но он сказал, что этого нельзя, а велел на словах передать, что хуже будет, когда узнают, что такого человека дали без заупокойных служений похоронить. Сказали мы это батюшке, а он опять заартачился. Однако, когда ему еще и икону обещали в церковь дать, он обещался прийти. А икона была богатая, в серебряной ризе и с камнями драгоценными, — одна из тех, которых бабушка Михаила Юрьевича ему целый иконостас надарила.

Мы вернулись домой с успокоенным сердцем. Народу — море целое. Все ждут, а священника все нет. Как тут быть? Вдруг из публики католический ксендз, спасибо ему, вызвался.

— Он боится, — говорит, — а я не боюсь, и понимаю, что такого человека, как собаку, не хоронят. Давайте-ка я литию и панихиду отслужу.

Мы к этому были привычны, так как в поход с нами ходили по очереди то католический, то православный священник, поэтому с радостию согласились. Когда он отслужил, то и лютеранский священник, тут бывший, гроб благословил, речь сказал и по-своему стал служить. Одного только православного батюшки при сем не было. Уж народ стал расходиться, когда он пришел, и, узнавши, что священнослужители других вероисповеданий служили прежде него, отказался служить, так как нашел, что этого довольно. Насилу мы его убедили, что на похоронах

человека греко-российского вероисповедания полагается и служение православное.

При выносе же тела, когда увидел наш батюшка музыку и солдат, как и следует на похоронах офицера,
он опять испугался.

— Уберите трубачей, — говорит, — нельзя, чтобы
самоубийцу так хоронили.

Пришлось хоть на время спрятать музыку.

Похороны вышли торжественные. Весь народ был
в трауре. И кого только не было на этих похоронах.

Полеводин, *современник и очевидец событий:*
На другой день толпа народа не отходила от его
квартиры. Дамы все приходили с цветами и усыпали
его оными, некоторые делали прекраснейшие вен-
ки и клали близ тела покойника. Зрелище это было
восхитительно и трогательно. Семнадцатого числа
в час поединка его хоронили. Все, что было в Пятигорске, участвовало в его похоронах. Дамы все были
в трауре <...>.

Рощановский, *житель Пятигорска, очевидец событий:*
В прошлом 1841 году, в июле месяце, кажется, 18 числа, в 4 или 5 часов пополудни, я, слышавши, что имеет быть погребено тело умершего поручика Лермонтова, пошел, по примеру других, к квартире покойника, у ворот коей встретил большое стечение
жителей г. Пятигорска и посетителей минеральных
вод, разговаривавших между собою: о жизни за гробом, о смерти, рано постигшей молодого поэта,
обещавшего много для русской литературы. Не входя во двор квартиры этой, я с знакомыми мне вступил в общий разговор, в коем, между прочим, мог
заметить, что многие как будто с ропотом говорили, что более двух часов для выноса тела они дожи-
даются священника, которого до сих пор нет. Заме-
тя общее постоянное движение многочисленного

собравшегося народа, я из любопытства приблизился к воротам квартиры покойника и тогда увидел на дворе том, не в дальнем расстоянии от крыльца дома, стоящего о. протоиерея, возлагавшего на себя епитрахиль; в это самое время с поспешностию прошел мимо меня во двор местной приходской церкви диакон, который тотчас, подойдя к церковнослужителю, стоящему близ о. протоиерея Александровского, взял от него священную одежду, в которую немедленно облачился, и принял от него кадило. После этого духовенство это погребальным гласом обще начало пение: «Святый Боже, Святый Крепкий, Святый Бессмертный, помилуй нас», и с этим вместе медленно выходило из двора этого; за этим вслед было несено из комнат тело усопшего поручика Лермонтова. Духовенство, поя вышеозначенную песнь, тихо шествовало к кладбищу; за ним в богато убранном гробе было попеременно несено тело умершего штаб- и обер-офицерами, одетыми в мундиры, в сопровождении многочисленного народа, питавшего уважение к памяти даровитого поэта или к страдальческой смерти его, принятой на дуэли. Таким образом эта печальная процессия достигла вновь приготовленной могилы, в которую был опущен в скорости несомый гроб без отправления по закону христианского обряда: в этом я удостоверяю, как самовидец.

Николай Иванович Лорер:
Представители всех полков, в которых Лермонтов волею и неволею служил в продолжение своей короткой жизни, нашлись, чтоб почтить последнею почестью поэта и товарища. Полковник Безобразов был представителем от Нижегородского драгунского полка, я — от Тенгинского пехотного, Тиран — от лейб-гусарского и А. Арнольди — от Гродненского гусарского. На плечах наших вынесли мы гроб из до-

му и донесли до уединенной могилы кладбища на покатости Машука. По закону священник отказывался было сопровождать останки поэта, но деньги сделали свое, и похороны совершены были со всеми обрядами христианина и воина. Печально опустили мы гроб в могилу, бросили со слезою на глазах горсть земли, и все было кончено.

Николай Павлович Раевский. *В пересказе В. П. Желиховской:*
Когда могилу засыпали, так тут же ее чуть не разобрали: все бросились на память об Лермонтове булыжников мелких с его могилы набирать. Потом долгое еще время всем пятигорским золотых дел мастерам только и работы было, что вделывать в браслеты, серьги и брошки эти камешки. А кольца в моду вошли тогда масонские, такие, что с одной стороны Гордиев узел, как тогда называли, а с другой камень с могилы Лермонтова. После похорон был поминальный обед, на который пригодилось наше угощение, приготовленное за два дня пред тем с совсем иною целью. Тогда же Столыпин отдал батюшке и деньги, и икону; а мы тогда же и черновую рукопись «Героя нашего времени», оказавшуюся в столе в рабочей комнате, на память по листкам разобрали.

Петр Иванович Бартенев (1829–1912), *историк, археограф, библиограф, редактор журнала «Русский архив» (1863–1912). Со слов М. В. Воронцовой:*
Государь, по окончании литургии, войдя во внутренние покои дворца кушать чай со своими, громко сказал: «Получено известие, что Лермонтов убит на поединке, — собаке — собачья смерть!» Сидевшая за чаем великая княгиня Мария Павловна Веймарская, эта жемчужина семьи (la perle de famille, как называл ее граф С. Р. Воронцов), вспыхнула и отнеслась к этим словам с горьким укором. Государь внял сестре

своей (на десять лет его старше) и, пошедши назад в комнату перед церковью, где еще оставались бывшие у богослужения лица, сказал: «Господа, получено известие, что тот, кто мог заменить нам Пушкина, убит».

Александр Иванович Арнольди:
Шведе по заказу Столыпина написал портрет с покойного и сделал мне такой же. Я нахожу его лучшим портретом Лермонтова. <...> На портрете Шведе поэт наш коротко обстрижен, глаза полузакрыты и на устах играет еще злая насмешка.

Краткая летопись
жизни и творчества
М. Ю. Лермонтова

1814, в ночь со 2 на 3 октября. В Москве, в доме генерал-майора Ф. Н. Толя напротив Красных ворот (дом не сохранился), в семье капитана Юрия Петровича Лермонтова и Марии Михайловны Лермонтовой, урожденной Арсеньевой, родился Михаил Юрьевич Лермонтов.

1814, конец года, или 1815, весна (не позднее первой половины апреля). Из Москвы Лермонтовы вместе с бабушкой Е. А. Арсеньевой переехали в Тарханы Чембарского уезда Пензенской губернии.

1817, 24 февраля. В возрасте двадцати одного года умерла М. М. Лермонтова, мать поэта.

1817, 5 марта. Ю. П. Лермонтов уехал из Тархан в Кропотово, оставив сына на попечение бабушки.

1818, лето. Первая поездка Е. А. Арсеньевой с внуком и семьей А. А. Столыпина на Северный Кавказ к сестре Е. А. Хастатовой.

1820, лето. Вторая поездка Е. А. Арсеньевой с внуком на Кавказские минеральные воды.

1825, лето. Третья поездка на Кавказ. Первая любовь Лермонтова.

1827, конец лета. Двенадцатилетний Лермонтов гостит в отцовском имении Кропотово, Ефремовского уезда, Тульской губернии.

1827, конец лета – осень. Переезд с бабушкой в Москву. Начало домашних занятий Лермонтова с учителями А. З. Зиновьевым и А. Ф. Мерзляковым.

1828. Начало литературной деятельности.

1828, 1 сентября. Лермонтов зачислен полупансионером 4-го класса в Московский университетский благородный пансион.

1828, 13–20 декабря. Экзамены в Московском университетском благородном пансионе. Лермонтов переведен из четвертого класса в пятый; за успешные занятия получил два приза: книгу и картину.

1829. Первая редакция поэмы «Демон».

1830, начало года. Вторая редакция «Демона».

1830, 1 сентября. Лермонтов зачислен слушателем в Московский университет на нравственно-политическое отделение.

1830, сентябрь. В ч. IV журнала «Атеней» за подписью «L.» напечатано стихотворение Лермонтова «Весна» («Когда весной разбитый лед...») — первое известное выступление поэта в печати.

1831, 1 октября. В Кропотове, Ефремовского уезда, Тульской губернии, умер Ю. П. Лермонтов, сорока четырех лет от роду.

1832, 1 июня. Прошение Лермонтова об увольнении из университета «по домашним обстоятельствам» с «надлежащим свидетельством для перевода в императорский Санктпетербургский университет».

1832, 18 июня. Выдано «Свидетельство... из Правления императорского Московского университета своекоштному студенту Михаилу Лермантову... в том, что он... слушал лекции по Словесному отделению, ныне же по прошению его от Университета сим уволен».

1832, конец июля – начало августа. Приезд в Петербург с Е. А. Арсеньевой.

1832, 4 ноября. Лермонтов держит экзамены в Школу гвардейских подпрапорщиков и кавалерийских юнкеров.

1832, ноябрь – 1833, апрель. Болеет дома (после несчастного случая в манеже).

1832, 14 ноября. Отдан по Школе приказ о зачислении «Михайла Лермантова, просящегося на службу в лейб-гвардии Гусарский полк кандидатом».

1834, 22 ноября. Лермонтов высочайшим приказом произведен из юнкеров в корнеты лейб-гвардии Гусарского полка.

1834, 13 декабря. Едет в Царское Село, в лейб-гвардии Гусарский полк.

1835, начало августа. Вышел № 8 журнала «Библиотека для чтения», где напечатана поэма «Хаджи Абрек» (по легенде, без ведома автора) — первое появление в печати за полной подписью.

1835, 1 августа. Лермонтову выдан офицерский патент за подписью военного министра гр. Чернышева, удостоверяющий производство 22 ноября 1834 г. в корнеты гвардии.

1835, октябрь. Лермонтов представил первую редакцию драмы «Маскарад» в драматическую цензуру. В ноябре возвращена для «нужных перемен».

1836, осень – зима. Знакомство с А. А. Краевским, будущим редактором и издателем поэта.

1836 – начало 1837. Работа над романом «Княгиня Лиговская».

1837, 28 января. Лермонтов написал первые 56 строк стихотворения «Смерть поэта».

1837, первая половина февраля. Лермонтов написал заключительные 16 стихов стихотворения «Смерть поэта» («А вы, надменные потомки...»).

1837, 18 февраля. Лермонтов арестован и помещен в одной из комнат верхнего этажа Главного штаба.

1837, 27 февраля. Опубликован высочайший приказ о переводе Лермонтова прапорщиком «в Нижегородский драгунский полк», расквартированный на Кавказе.

1837, около 19 марта. Лермонтов выехал из Петербурга к месту назначения.

1837, вторая половина апреля – первые числа мая. Прибыл в Ставрополь.

1837, май. Вышел из печати № 2 журнала «Современник», где помещено стихотворение «Бородино».

1837, июнь, июль и начало августа (примерно по 5 августа). Лермонтов в Пятигорске на лечении минеральными водами.

1837, лето. В Пятигорске Лермонтов встретился с Н. М. Сатиным, с которым был знаком еще по Московскому университетскому благородному пансиону, В. Г. Белинским и доктором Н. В. Майером, прототипом доктора Вернера в повести «Княжна Мери».

1837, конец октября – ноябрь. Направляясь в Нижегородский драгунский полк, в котором все еще продолжал числиться до 25 ноября, «переехал горы», а затем в Закавказье «был в Шуше, в Кубе, в Шемахе, в Кахетии».

1837, 1 ноября. В газете «Русский инвалид» опубликован высочайший приказ, данный 11 октября 1837 г. в Тифлисе о переводе Лермонтова в лейб-гвардии Гродненский гусарский полк.

1838, 3 января. Лермонтов прибыл в Москву.

1838, конец января. Приезд в Петербург.

1838, 16 февраля или несколькими днями позже. Отъезд Лермонтова в Новгородскую губернию, в первый округ военных поселений, в распоряжение штаба лейб-гвардии Гродненского гусарского полка.

1838, 9 апреля. Опубликован высочайший приказ о переводе корнета Лермонтова в лейб-гвардии Гусарский полк.

1838, 24–25 апреля. Лермонтов возвратился в Петербург.

1838, 30 апреля. Вышел № 18 «Литературных прибавлений к „Русскому инвалиду“», где за подписью «-въ» опубликована «Песня про... купца Калашникова».

1838, 14 мая. Лермонтов прибыл в лейб-гвардии Гусарский полк, расквартированный в Софии под Царским Селом.

1838, 4 декабря. Закончена работа над новой, шестой, редакцией поэмы «Демон».

1839, начало февраля. Закончена последняя редакция поэмы «Демон».

1839, 15 марта. В № 3 журнала «Отечественные записки» напечатана повесть «Бэла. Из записок офицера о Кавказе» — первая опубликованная часть романа «Герой нашего времени».

1839, 5 августа. Закончена поэма «Мцыри».

1840, 16 февраля. На балу у графини Лаваль столкновение Лермонтова с сыном французского посла Э. де Барантом. Барант вызывает Лермонтова на дуэль. Формальной причиной вызова был обмен колкостями во время разговора.

1840, 18 февраля, воскресенье, 12 часов дня. Дуэль Лермонтова с Барантом за Черной речкой на Парголовской дороге при секундантах А. А. Столыпине (Монго) и виконте Р. д'Англесе.

1840, 11 марта. Заключен под арест по делу о дуэли.

1840, первая половина апреля. Вышло в свет первое издание романа «Герой нашего времени» (тираж 1000 экз.).

1840, 5 апреля. Комиссия военного суда закончила дело Лермонтова.

1840, 17 апреля. Отдан приказ по Отдельному гвардейскому корпусу за № 57 за подписью генерал-фельдцейхмейстера великого князя Михаила Павловича о переводе Лермонтова в Тенгинский пехотный полк тем же чином.

1840, 3, 4 или 5 мая. Отъезд Лермонтова из Петербурга на Кавказ. Прощальный вечер у Карамзиных. Стихотворение «Тучи».

1840, первая половина мая. По дороге на Кавказ Лермонтов задержался в Москве.

1840, 9 мая. Присутствовал на именинном обеде в честь Н. В. Гоголя в саду у М. П. Погодина на Девичьем поле. Лермонтов читает Гоголю поэму «Мцыри».

1840, последние числа мая. Отъезд на Кавказ.

1840, 10 июня. Приехал в Ставрополь.

1840, 6–10 июля. Отряд, в котором находился Лермонтов, выступив из лагеря при крепости Грозной, переправился через реку Сунжу и ущелье Хан-Калу; с боями продвинулся в Дуду-Юрт и далее в Большую Атагу и Чах-Гери, к Гойтинскому лесу. После штыковой атаки у Ахшпатой-Гойте был совершен переход к деревне Урус-Мартан и к деревне Гехи.

1840, лето, после 11 июля. Написано стихотворение «Валерик» («Я к вам пишу случайно, право...»).

1840, 17 июля – 2 августа. Участие Лермонтова в походе части отряда генерал-лейтенанта А. В. Галафеева в Северный Дагестан.

1840, 25 октября. Вышел сборник «Стихотворения М. Лермонтова», содержащий 26 стихотворений, а также поэмы «Песня про... купца Калашникова» и «Мцыри» (тираж 1000 экз.).

1840, вторая половина октября. Лермонтов в крепости Грозной после двадцатидневной экспедиции в Чечне.

1840, 31 декабря. Рапорт начальника штаба Отдельного кавказского корпуса по поводу отпуска Лермонтова в Петербург.

1841, 14 января. Лермонтову выдан отпускной билет на два месяца. Вероятно, в этот день он выехал из Ставрополя в Петербург через Новочеркасск, Воронеж, Москву.

1841, 30 января. Лермонтов прибыл с Кавказа в Москву.

1841, 5–6 февраля — 14 апреля. Пребывание в Петербурге. Неудачная попытка выйти в отставку.

1841, до 15 апреля. Написаны стихотворения «На севере диком стоит одиноко...»; «Любовь мертвеца»; «Последнее новоселье».

1841, 9 мая. Лермонтов и А. А. Столыпин прибыли в Ставрополь и были прикомандированы к отряду для участия в экспедиции «на левом фланге».

1841, 13 мая. Приезд Лермонтова с А. А. Столыпиным и П. Магденко в Пятигорск.

1841, весна. Выходит из печати второе издание романа «Герой нашего времени» (тираж 1200 экз.), где впервые опубликовано Предисловие к роману.

1841, 8 июля. Лермонтов начал лечение калмыцкими ваннами в Железноводске.

1841, 13 июля. Столкновение между Лермонтовым и Н. С. Мартыновым на вечере в доме Верзилиных. Мартынов вызвал Лермонтова на дуэль. Формальной причиной вызова послужили шутки и остроты Лермонтова.

1841, 14 июля. Поездка Лермонтова и А. А. Столыпина в Железноводск.

1841, 15 июля. Утром к Лермонтову в Железноводск из Пятигорска приехали Е. Г. Быховец и Обыденная, которых сопровождали верхом юнкер А. П. Бенкендорф, М. В. Дмитревский и Л. С. Пушкин. Пикник в немецкой колонии Каррас (Шотландка).

1841, 15 июля. Между 6 и 7 часами вечера. Дуэль с Мартыновым у подножия Машука. Секунданты: М. П. Глебов, А. И. Васильчиков и, возможно, А. А. Столыпин и С. В. Трубецкой. Некоторые современники называли и других свидетелей дуэли (в частности,

Р. И. Дорохова). Гроза. Лермонтов убит Мартыновым. Поздно вечером тело поэта перевезено в Пятигорск, в дом В. И. Чиляева.

1841, 17 июля. Медицинское освидетельствование лекарем И. Е. Барклаем-де-Толли в присутствии следственной комиссии тела Лермонтова. Погребение на Пятигорском кладбище.

1842, 21 апреля. По просьбе Е. А. Арсеньевой гроб с прахом Лермонтова привезен из Пятигорска в Тарханы.

1842, 23 апреля. Прах Лермонтова погребен в фамильном склепе в Тарханах.

Библиографическая справка

Тексты воспоминаний печатаются
по следующим изданиям:

М. Ю. Лермонтов в воспоминаниях современников / Сост.,
подгот. текста и коммент. М. Гиллельсона и О. Миллер. М., 1989.

Висковатов П. А. Михаил Юрьевич Лермонтов: Жизнь
и творчество. М., 1987.

Мартьянов П. К. Дела и люди века. СПб., 1893. Т. 2.

Литературное наследство. М., 1959. Т. 67.

Письма М. Ю. Лермонтова печатаются по изданию: *Лермонтов М. Ю.* Соч.: В 6 т. М.; Л., 1957. Т. 6.

В оформлении текста использованы рисунки и автографы М. Ю. Лермонтова.

СОДЕРЖАНИЕ

Научно-популярное издание

ЛЕРМОНТОВ БЕЗ ГЛЯНЦА

Ответственный редактор *Антонина Балакина*
Художественный редактор *Александр Яковлев*
Технический редактор *Елена Траскевич*
Корректор *Татьяна Мельникова*
Верстка *Максима Залиева*

Подписано в печать 29.02.2008.
Формат издания 84×108^1/$_{32}$. Печать офсетная.
Усл. печ. л. 12,6. Тираж 5000 экз.
Изд. № 80064. Заказ № 8155.

Издательство «Амфора».
Торгово-издательский дом «Амфора».
197110, Санкт-Петербург,
наб. Адмирала Лазарева, д. 20, литера А.
E-mail: info@amphora.ru

Отпечатано по технологии CtP
в ОАО «Печатный двор» им. А. М. Горького.
197110, Санкт-Петербург, Чкаловский пр., 15.